本书得到国家自然科学基金项目（基金号：71640015）、北方工
工商管理优势（建设）学科项目和新教师科研启动基金项目资助

重新认识追随

A New Understanding of
FOLLOWERSHIP

罗文豪◎著

经济管理出版社
ECONOMY & MANAGEMENT PUBLISHING HOUSE

图书在版编目（CIP）数据

重新认识追随/罗文豪著. —北京：经济管理出版社，2017.12

ISBN 978-7-5096-5461-3

Ⅰ.①重… Ⅱ.①罗… Ⅲ.①企业领导学—研究 Ⅳ.①F272.91

中国版本图书馆 CIP 数据核字（2017）第 274179 号

组稿编辑：赵亚荣

责任编辑：赵亚荣

责任印制：高　娅

责任校对：陈　颖

出版发行：经济管理出版社

（北京市海淀区北蜂窝 8 号中雅大厦 A 座 11 层　100038）

网　　　址：www. E-mp. com. cn

电　　　话：(010) 51915602

印　　　刷：三河市延风印装有限公司

经　　　销：新华书店

开　　　本：720mm×1000mm /16

印　　　张：13.75

字　　　数：198 千字

版　　　次：2018 年 5 月第 1 版　2018 年 5 月第 1 次印刷

书　　　号：ISBN 978-7-5096-5461-3

定　　　价：52.00 元

对于大多数人而言，甚至包括从事专业学术研究的管理学者和身处一线的管理实践者来说，追随（Followership）都是一个相对陌生的词汇。在绝大多数的商学院和管理培训项目中，我们都尤为重视对于领导力的开发和修炼；在任意一个图书网站或者书店里，检索"领导"都可以找到大量的相关书籍，而检索"追随"所得到的成果大多屈指可数；在企业家的论坛或者研讨里，演讲者与听众追逐和感兴趣的话题同样是"如何成为更卓越的领导者"。一言以蔽之，当前社会对于"领导"有着强烈的渴求，而对于"追随"则近乎无视。

在管理研究中，这种"重领导而轻追随"的现象可以说是有过之而无不及。长期以来，学者都将领导者视作领导理论和研究的中心，对于追随者则要么是选择性忽视，要么只是将其视作领导过程的结果，被动地接受影响。在此背景下，近年来越来越多的学者呼吁"转换研究视角"，强调"认识追随者与认识领导者至少是同等重要"，也逐渐开始涌现出一些相关的研究成果。当然，与我们对于领导的认识相比，我们对于追随的认识不仅仍十分有限，甚至有不少错误的偏见。这其中一个很重要的原因在于，无论是在中国还是在西方，人们对于"追随者"这一标签都有着一些相对消极和被动的"成见"。

鉴于此，本书选择了一个相对大胆并试图吸引读者眼球的题目——《重新认识追随》。显然，仅仅凭借这本小书，我们很难真正达成"重新认识"的目标。本书的核心价值在于，通过集中呈现我们有关于追随的一些初期研究成果，激发读者朋友们和我们一起去思考：我们对于追随到底有着怎样的认识？在新的时代背景下，上述认识是否仍然有效？如果我们需要去更新和改变对于追随的认识，又应该向着什么方向去努力？进一步地，从学术研究的角度来看，在组织管理领域内进行追随研究又有哪些可能的角度？

围绕上述问题，本书共包含八章内容，并试图从不同角度来部分地回应上述问题。其中，第一章主要从追随研究的历史溯源出发，分析追随研究一直被忽视和近年来重新受到学界关注的原因，并为未来的追随研究提供一些潜在方向；第二章旨在回顾和评述现有研究中对于追随的探讨，从追随行为、追随动机、领导—追随关系的角度系统地考察现有研究进展；第三章和第四章选择一种广受关注的领导风格——魅力型领导进行研究，一方面凸显出魅力领导研究中由"领导者中心"逐渐向"追随者中心"的研究转向；另一方面也通过实证研究揭示出领导者魅力对于追随者的强烈影响，从而明确魅力在吸引员工追随中的作用；第五章侧重于考察内隐理论在当前追随研究中的作用，特别是内隐追随理论的提出和最新发展；第六章则着力于挖掘中国传统思想中的"无为而治"观点对于追随研究的启迪，探讨传统思想在认识当前新情境下领导与追随的适用性和独特价值；第七章则继续从传统回到现代，结合互联网情境下个体—组织关系的深刻变化，分析当代企业在构建领导模式时的基本出发点；最后，第八章扎根于追随者中心视角，从领导者和追随者的双重角度展开思考，提出有效追随修炼的相关实践指南。

从当前管理研究的现状来看，追随研究仍然是一个相对新兴且远未成熟的领域，而本书所做的上述尝试更加只是"浅尝辄止"，有待于进一步的探索研究。不过，在这些初步讨论的基础上，我们也可以为未来的追随研究贡献一些有价值的思考：一是追随研究或者追随者中心的视角并非是完全意义上的新生事物，更加不是仅仅为了与领导者中心视角相对立地去另起炉灶，而是既有相关的研究传承，也孕育着整合式理论开发的发展潜力；二是在今天的互联网时代下，企业组织中的追随者不再仅仅是接受影响的一方，他们孕育着更强烈、更主动、更积极的能量，对追随者的关注和开发将会为组织发展与转型贡献新的力量；三是在中国文化情境下，追随研究既呈现出蓬勃的发展态势，更与中国的传统思想和当前文化特征有密切的联系，值得开展一系列本土化的探索。

本书的研究工作得以出版，得到了国家自然科学基金项目（基金号：71640015）、北方工业大学工商管理优势（建设）学科项目和新教师科研启动基金项目的资助，在此一并表示诚挚的感谢！

作为一个新兴的研究领域，现有对追随的探讨显然还比较粗糙，这也决定了本书的相关研究有大量可以完善之处。与此同时，新兴研究领域也意味着大量潜在研究机会的存在，值得我们管理研究者投身其中展开探索。对追随研究感兴趣的学者与同人，十分期待得到您的批评与指正，也欢迎来信与我进一步沟通交流。我的电子邮箱地址为 luowenhao @ ncut. edu. cn，真诚期待来自各界朋友的指导！

罗文豪

2018 年 1 月于反己书苑

目录
Contents

第一章

追随研究的历史溯源、现实驱力与未来展望

近年来，越来越多的国内外学者开始指出，领导研究中对于追随者与追随现象的考察严重不足（原涛和凌文辁，2010；Carsten et al.，2010）。随着学者对于领导与追随过程更加整合性的思考，组织管理学科中有关追随现象的理论与实证研究相继出现（曹元坤和许晟，2013；陶厚永等，2014；周文杰等，2015；DeRue & Ashford，2010；Lapierre & Carsten，2014；Uhl-Bien et al.，2014），追随研究作为一个新兴的研究领域也开始兴起。简言之，追随研究者将研究重点放在组织中的追随者身上，关注和探讨追随者的因素在领导过程中的角色和作用，并且试图从追随的视角来深化乃至重塑对于领导力和领导过程的认识。

不过，正如 Uhl-Bien 及其合作者（2014）新近的文献回顾揭示的那样，追随研究直到近些年来才受到组织管理研究者们专门的研究和探讨。正因如此，目前关于追随的研究成果还十分有限（Bligh，2011）。与有关领导的研究数量相比，当前有关追随的研究更加只是"星星之火"。从 Uhl-Bien 等（2014）进行的文献回顾便可以看出，学者对于组织中追随现象的本质、成因、类型和结果等问题还不能给出值得信赖的理论解释与实证检验。可以说，追随研究当前正处在一个刚刚兴起的阶段，既有大量值得探索的方向，又不可避免地存在一些悬而未决的问题，甚至还有一些潜

在的认识误区。追随研究为何会在当前兴起？促使这一研究主题得到实践者和学者关注的深层次原因是什么？当前追随研究中有哪些值得探讨的争议性问题？在当前的研究背景下，未来的追随研究应该往何处去？在系统性地梳理与追随问题相关的研究文献基础上，本章试图对上述问题做出一些回应。在本章中，我们将依次探讨追随研究的历史溯源、兴起的现实驱力、存在的关键问题以及未来的研究展望。对上述这些问题的探讨和思考，将有助于学者在考察和研究追随现象时明确努力方向，并在研究过程中尽可能地少走弯路。

一、追随研究的历史溯源

作为一个学术研究主题，追随（Followership）受到学者关注和探讨的时间并不算长。然而，追随现象在人类社会中的出现由来已久，实践世界里追随现象的发生更是屡见不鲜（Van Vugt, 2006）。Van Vugt 及其同事（Van Vugt, 2006; Van Vugt et al., 2008）从进化心理学的视角出发来研究追随现象，并认为人们追随领导者这一现象的出现可能是自然选择的过程。在人类祖先所在的早期社会中，一些身强体壮的人因为具有更强的生存能力而成为部落的首领。对于其他人来说，适合他们生存和发展的最好方式便是追随和服从那些强大的首领。在千百万年的历史演进过程中，这些更加适合的行为被选择并通过社会化的力量保留和强化下来。从这个意义上看，在人类的发展历史中，追随现象可以说是与领导现象同时出现的。

在学术世界里，研究者针对追随现象的思考和讨论事实上也散落在不同学科的多个研究领域之中，例如，政治学、社会学、心理学、宗教学等。在组织管理研究领域内，追随现象既是一个新问题，同时也是一个老问题。之所以称其为一个老问题，是因为几乎在管理与领导力问题引起广泛注意的同时，就有一些学者强调需要重视追随者的作用（Follett, 1949; Hollander, 1992; Hollander & Webb, 1955），而并不完全是近年来出现的崭新课题。例如，早期的管理学者玛丽·福列特（Follett，1949）在《领导理论与实践的偏差》一文中就曾指出："被领导者不是简单的被动角色，他们不仅仅遵循并服从，而是必须协助领导者掌控情境。我们不要认为自己不是领导者就是一个小角色。作为一个被领导者，我们也参与了领导"（第 125 页）。福列特的这一观点提出于 20 世纪二三十年代，彼时正是大规模工业化日渐兴起、企业内劳资双方处于相互对立的情境。在这样的情境下，福列特就已经睿智地指出，被领导者可以且应该更为积极地参与领导过程，而这恰恰是当前不少追随研究重视和强调的一个基本观点。

另一位较早对追随者问题做出分析的学者是从事政治领导研究的詹姆斯·麦格雷戈·伯恩斯。Burns（1978）的《领袖论》一书被领导学界公认为经典名著，书中的观点也成为后来变革型领导与交易型领导观点提出的早期思想起源。在他看来，"我们对领导者了解太多，而对于领导就可谓知之甚少，我们没能把握住与现今时代密切联系的领导的本质"，"在领导研究方面的一个最为严重的失误，便是关于领导的文献与关于追随者的文献之间存在的分歧"。基于对当时研究现状的认识，Burns 在该书中对于领导过程的基本分析范式就是考察领导者的目标、追随者的目标以及他们之间的互动关系。具体而言，Burns 将领导过程界定为"具有特定动机和目的的人们，在与其他人的竞争和冲突中，调动各种制度的、政治的、心理的和其他的资源，去激发、吸引和满足追随者的动机。这样做是为了实现领导者追随者双方共同具有的目标"（第 14 页）。从这一定义可以看出，Burns 将追随者放在了与领导者同等重要的位置上，并且认为只有从双方的共同目标出发进行分析，才能够更好地把握领导过程的本质。

除此之外，还有其他不少学者都曾经在有关领导力的论著中指出追随者的重要性。例如，Hollander（1993）一针见血地指出："如果没有追随者，那么也就没有领导者和领导力"（第 29 页）。Howell 和 Shamir（2005）也强调"理解追随者与理解领导者同等重要"（第 110 页）。上述这些学者的观点虽然颇具启发性，但它们多数是在一些理论著作或文章中提出，既没有具体清晰地展示出追随者如何作用，又没能得到相应实证研究的支持，从而常常淹没在领导研究的浩瀚文献之中。特别遗憾的是，在 Burns 著作基础上发展出来的变革型—交易型领导概念成为过去 30 年间得到最多探讨的领导研究主题（van Knippenberg & Sitkin，2013），然而这些研究中却鲜有学者对 Burns 提出的追随者问题进行更为深入的研究。

从更加一般的意义上来看，在将近 150 余年的领导研究中，领导者中心的理论视角占据了绝对的统治地位（Avolio，2007）。虽然有不少学者直接或间接地涉及追随者问题，但很少有人对追随现象进行系统深入的研究，现有文献中对于追随的理解也多半是不完整的，甚至是错误的（Carsten et al.，2014）。正因如此，当前一批聚焦于追随现象的研究者将追随问题看作领导力和组织管理研究领域内的一个新兴话题，并呼吁学者就此进行更多的深入研究。在本章看来，研究追随问题自然对于发展领导理论有着潜在的贡献，但需要注意的是，研究追随问题并不是完全意义上的"另起炉灶"。通过本节对追随研究的历史溯源可以发现，追随问题早在前人的研究中便已有所涉及，这些研究成果可以而且应当成为我们进一步发展追随研究的重要基础，值得我们加以继承和拓展。

二、追随研究兴起的现实驱力

纵览领导研究的历史可以发现，一些学者对于追随者的考察和探讨事实上已经零散出现。Uhl-Bien 等（2014）回顾文献后指出，一些领导理论将追随者视作领导者发挥效能的情境变量，如情境领导理论和路径—目标领导理论等；更为激进的观点体现在 Meindl（1990，1995）提出和发展的领导者浪漫归因理论之中，他将追随者视作领导过程的社会建构者。然而，无论是将追随者看作领导过程中的情境因素，还是将追随者看作建构性因素，这些已有的理论发展事实上都是在为了研究领导者/领导力而研究追随者，并没有对追随者或者追随现象进行专门的研究。换言之，我们对于追随者为什么追随、如何追随、如何参与领导过程等基本问题仍然缺乏清晰的认识（Carsten et al.，2010；Lapierre & Carsten，2014）。进入 21 世纪以来，追随研究开始吸引越来越多学者的注意。随着一系列研究成果在高水平期刊上得以发表，追随研究正逐步为主流管理学界所接受，似乎即将成为组织管理研究领域中的"新宠"课题。为何这样一个其实算是古老的话题会在今天的条件下重新吸引学者的关注？这一变化的背后隐藏着重要的理论与现实背景。本节将从以下三个方面出发，探析追随研究在今天得到重视的现实驱动因素：

（一）随着组织内外部环境条件的变化，追随者的角色和地位变得愈加重要，从而使研究追随者更具现实意义

在传统的组织管理实践中，潜藏着我们对于领导力的一般认识，即少数的领导者积极地从事领导活动，而那些被领导着的多数追随者只需要服从行事即可。在这样的认识下，追随者总是被视作"沉默的大多数"或是"一群温顺的绵羊"，他们的地位和作用长久以来也不为人们所重视（Kellerman，2008；Riggio et al.，2008）。然而，对于今天的企业组织而言，上述有关领导者和追随者的传统认识正在发生改变。在今天这样一个快速变化、动态复杂、竞争加剧、不确定性日益加大的商业环境下，追随者的角色正变得越来越重要（Carsten et al.，2014）。企业组织中领导者与追随者之间的关系已经不再完全是简单的"上下级关系"模式，转而表现出更加复杂、丰富和动态的形态与特征。在这种转变的背后，则深深地蕴藏着当代企业组织运行环境的巨大变化。

第一，在知识主导的企业组织中，劳动者与管理者之间的界限越来越模糊（Bennis，2000）。知识型员工既是知识的劳动者和创造者，也往往是知识的所有者和管理者。因此，传统意义上领导者与追随者之间的界限也变得模糊多变：在职位关系上位于"上级"的管理者可能成为追随者，而身处"下级"的员工也有可能成为领导者（DeRue & Ashford，2010）；在一些工作团队中，传统意义上的领导者职能如今由多位团队成员共享（Carson et al.，2007）。

第二，企业工作场所的整体环境发生了巨大变化，并使追随者的作用得到更大程度的体现。一方面，构筑在层级制基础上、自上而下式的权力关系呈现出水平化的变化趋势，组织中的权力分配与决策制定逐步向基层管理者及普通员工倾斜或转移。与此同时，政治语境中的民主概念也已经渗透到企业组织内部，这使当今企业的领导者已经很难再拥有绝对无上的权力和权威（Courpasson & Dany, 2003；Kellerman, 2008）。另一方面，企业的发展越来越依赖于集体而非领导者个人的力量，员工的作用和角色则日益受到重视。传统的以领导者个体为中心的、自上而下的垂直型领导在今天的企业中能发挥的作用越来越有限（Bennis, 2000）。相应地，企业更多地通过高层管理团队来进行集体决策，鼓励自我管理团队在企业中发挥作用，更多地向基层管理者和普通员工进行授权等。同时，在创新和变革对于企业发展至关重要的今天，领导者需要依赖追随者为企业提供洞见、创新的想法、新的战略或者挑战现状（Bennis, 2000；Carsten et al., 2014）。

第三，员工队伍主体的变化。以"80后""90后"为主的新生代年轻员工正在成为企业员工队伍的主体，他们在价值观念上与前几代人相比呈现出明显的差别，并突出地体现在对于权威的态度上：新生代员工不再默认接受来自权威和领导者的影响力，他们更加渴望自主地掌控自己的工作和生活，而不是被他人所控制（陈翼和唐宁玉，2014；Ng et al., 2010）。与此同时，这些新生代员工也更加渴望参与到领导的过程中，从而发挥和体现自身的价值（谢玉华和陈佳，2014）。

通过对企业组织运行环境的变化进行分析，我们可以看出：企业中的追随者虽然往往处在基层的位置上，但他们对于组织发展所能产生的影响却比我们想象得要更加深远，并且这种影响在未来将会不断地凸显出来（Kellerman, 2008；Riggio et al., 2008）。在此之外，还有两个重要的原因促使我们必须重视追随者的角色和作用。首先，伟大的领导者呼唤伟大的追随者。离开了追随者，领导者的作用也就无法发挥和体现出来。鉴于此，领导者与追随者之间这种互相依存的关系，如果我们在培育领导力的过程中仅仅关注于领导者个人，那么往往会事倍功半甚至误入歧途。另一方面，不是每一个人都能够成为企业的领导者，但几乎每一个人都在扮演着追随者的角色（Kellerman，2008）。一定意义上，包括高层领导者在内的每一位企业成员都有可能是追随者。

综上所述，随着现代经济社会发展中呈现出的一系列急速变化，如何认识、把握和发挥追随者在组织发展中的作用成为一个日益紧迫而现实的课题。尤为重要的是，组织亟须厘清究竟存在哪些不同的追随方式、不同追随方式各自会产生怎样的效果、组织如何去塑造和培育高效的追随方式等现实问题。要回答好这些问题，无疑需要对追随现象展开系统性的研究。由此可见，在新的时代条件下，准确地认识和研究追随者及追随现象是开发和培育卓越领导力的题中之意，是企业组织获得竞争优势、实现持续发展的必然需要，也是重新认识自我、推动社会进步的有力保证。

（二）在领导力的开发和培养上，现代组织从关注培育个人的领导力逐渐转向重视组织与公司层面的领导力开发，而追随者成为领导力开发环节中不可或缺的一部分

几乎在人类社会的每一个阶段，领导力开发都是一个受到重视和关注的话题。由于现代领导力的研究在很大程度上集中于北美尤其是美国，因此美国的经济发展状况也成为影响领导力研究的一个重要因素（Baker，2007）。在 20 世纪 70 年代末以前，组织和社会在提及领导力开发时都更多地聚焦于个人的领导力，典型如早期的"伟人理论"。之所以会有这样的认识，是由于当时的美国企业正处在一个"黄金时期"。彼时企业组织结构大多数以官僚层级制为基础，面临的经营和竞争环境也以简单和稳定为主要特征，企业管理层只需要员工努力工作、忠诚于企业、服从命令即可。从企业发展的角度来看，个别领导者的行动足以影响甚至决定整个企业的成败，根本不需要追随者做出任何贡献，也不需要对领导者—追随者关系给予特别的考虑。

进入 20 世纪 80 年代以来，美国的经济环境开始发生变化，技术变革、竞争加剧、全球化趋势等都在很大程度上改变着企业过去的行为模式。如前文所述，组织结构日益趋向扁平化，更快地响应和满足客户的需求、培育企业自身的动态适应能力、推动组织变革与创新成为企业获取竞争优势的重要来源。这样的环境变化，催生出社会大众和企业管理者对追随者角色认识的变化：追随者需要变得更加积极主动，他们需要在企业构筑竞争优势的过程中起到更为重要的作用。例如，当环境复杂性与不确定性日益增加时，组织很难预先制订出完善的计划，这需要组织中的不同成员（不仅仅是领导者个人）主动地采取行动来应对变化（Fritz & Sonnentag，2009）。在这一阶段，企业组织在进行领导力开发时，除了寄希望于使领导者更加具有变革和创新能力之外，也逐渐开始重视在追随者群体之中发展和培育领导力，即让一部分追随者也具有较高水平的领导力。

21世纪以来，组织环境的变化程度和速度都进一步加剧。尤其是随着信息技术和互联网的广泛应用，组织之间与组织内部的边界日渐模糊，无边界组织、平台组织、组织生态圈等新的组织形式开始呈现。在这样一种新的背景下，企业组织要想取得更好发展，仅仅依靠个别领导者或者是一部分追随者的努力都已不足够，而是需要在整个组织中发展出较高水平的领导力。也就是说，组织需要有效地调动起整个系统中全体成员的活力，通过全体成员积极创新和为客户创造价值而实现组织的发展。这样一种发展模式不再取决于个别领导者或者部分成员，而是由整个企业组织的全体成员共同实现的。例如，海尔集团在不断推进组织管理创新的过程中，就提出了"管理无领导"这样"去领导化"或者"去中心化"的实践举措（章凯等，2014）。这些举措的目的自然不是为了消除领导力，而是将领导力的焦点由传统意义上的个人转移到整个组织上，通过全体员工的广泛参与实现组织的持续发展。Uhl-Bien等（2007）基于对企业运行环境变化的观察指出，原有基于官僚式、科层制组织环境建立起来的领导理论模型并不能够完全胜任知识经济环境下提升组织领导力的需要。综上所述，在开发组织领导力的过程中，追随者的自我超越和领导至关重要，这自然需要研究者和实践者系统地对追随者进行考察与研究。

（三）在现有领导研究领域中艰难探索的学者迫切呼唤一个崭新的研究视角

如前文所述，大多数现有的领导研究仍保持着较为明显的"领导者中心"色彩，即关注领导者的特质、行为或风格对领导效能的影响，而对追随者的理解多半是不准确的，甚至是错误的或片面的（Carsten et al.，2014；Hernandez et al.，2011）。传统的领导研究或者是忽视甚至漠视追随者的影响，或者仅仅将追随者视作领导过程中被动的接受者和反应者（Uhl-Bien et al.，2014）。由于对追随者缺乏足够的重视和研究，领导者中心的领导研究长期以来呈现出"瘸着腿"走路的状态，领导理论的发展自然很难令人满意。近年来，主流的领导研究（包括变革型领导、魅力型领导等领导研究）已经不断受到学者的批评和质疑（章凯等，2012，2014；van Knippenberg & Sitkin，2013）。在此背景下，推动更为整合的领导研究已经势在必行（Hollander，2012）。例如，一部分学者开始倡导不局限于将追随者视作领导者的附属品，而是将领导力理解为领导者与追随者共同建构、相互影响的社会过程，从而对追随者和追随过程本身进行充分深入的研究（Carsten et al.，2010）。例如，DeRue 和 Ashford（2010）从身份动态建构的角度出发，考察了领导者身份与追随者身份之间持续动态的"宣称"与"授予"过程，为领导力的形成提供了新的理论模式；Oc 和 Bashshur（2013）等学者则进一步考虑了追随者个体和群体对于领导者个体行为与决策的可能影响。从上述的例子中可以看出，追随研究为学者进一步认识追随、认识领导现象，以及理解组织行为与发展提供了一种新的可能研究视角（Uhl-Bien et al.，2014）。对于陷入发展瓶颈、亟须视角创新的领导研究者来说，追随视角成为学者进行探索的一个新方向也就不难预料了。

此外，从学术生态自身的发展规律来看，学术共同体中本就存在追踪前沿与热门话题的取向。也就是说，一旦有关某一主题的研究文章开始出现在顶级期刊上之后，很快就会有相应的学术追随者蜂拥而至——这一现象本身就是一种"追随"。近年来，先后有多篇有关追随的理论与实证研究在国内外的顶级管理期刊上刊出，与追随主题有关的多部著作也先后面世，这自然会吸引和激励其他有着相同兴趣的研究者进一步打消疑虑，涉足与开展追随研究。可以预见的是，随着研究文献的进一步刊发与积累，未来一段时间内有关追随的研究数量很可能将会继续增长。

综上所述，在当前日趋变化的组织内外部环境条件下，追随者的角色和作用得以重塑，这是当前追随研究兴起的最重要动力，也是新兴组织行为背景对管理研究提出的一个新挑战。具体来说，无论是组织领导力开发这一实践问题，还是学术领域对于领导理论的创新与突破，追随研究都被人们寄予厚望，值得学者进一步加以挖掘和探索。

三、追随研究中的争议问题探析

由于追随研究兴起不久，学者对于追随现象及其相关概念的理解自然还没有达成一致的认识。从某种程度上看，不同学者对于追随现象的研究，往往都受到他们前期研究工作的影响（本章作者亦概莫能外）。在本节中，我们将围绕追随研究中呈现出的四个争议问题进行初步的探析，以期推动学者对追随研究有一个更为清晰的认识。

（一）追随力是一个合适的学术概念吗

在现有的追随相关研究中，追随力无疑是一个核心的研究概念。在国内相关学者进行的研究中，追随力成为"followership"一词相对应的中文译法（原涛和凌文辁，2010；周文杰等，2015；Kellerman，2008）。从语义上来看，将"followership"对应地翻译为追随力，并将之作为与领导力相对应的概念，更能够吸引社会大众的注意力，也利于相关理念的传播。

然而，从学术研究的角度来看，追随力是不是一个合适的学术概念？对于这一问题，本章抱着存疑的态度。最主要的问题在于，追随力的真实内涵究竟是什么？从目前研究来看，学者关于追随力主要存在几种截然不同的理解（原涛和凌文辁，2010）。一是能力观，即将追随力界定为追随者有效地追随领导者的能力，包括执行指令、积极响应、全力支持等

（Bjugstad et al.，2006）。按照这一理解，如果一位员工追随力较强，就意味着他具有更强的能力来追随领导者。二是行为观，即将追随力等同为追随者表现出的一系列行为，如忠诚奉献、有效沟通、主动承担责任等具体行为。需要注意的是，从行为观的角度出发来理解追随力并不包括所有可能的追随行为，而事实上仍然只是那些更能够取得较好效果的追随行为。三是过程观，即认为追随力是一个追随者与领导者及所处环境不断互动、社会建构的过程（Carsten et al.，2010）。对上述三种主要观点进行分析可以发现，能力观和行为观事实上都是在通过追随力的结果来定义追随力这一概念，这和学者对变革型领导的定义方式如出一辙（van Knippenberg & Sitkin，2013），本质上并没有揭示出何为追随力。过程观则是将追随力看作一种过程或者是一个处于演进中的状态，这一观点更富有动态性，但却没有得到足够的可操作性研究。

除了上述三类主要观点之外，学者对于追随力其实仍然有其他不同类型的解读。不难看出，"追随力"是一个非常宽泛的概念，它的真实蕴含在不同学者的研究工作中往往差异很大。在这样的情况下，"追随力"概念上的模糊性将容易导致学者在研究和交流的过程中南辕北辙，因此直接将"追随力"作为一个学术构念，甚至作为研究变量来加以研究恐怕是不合适的。作为与"追随力"相对应同时又紧密相连的概念，"领导力"同样具有十分丰富的内涵，而很难给出一个一般意义上的清晰界定。在当前中西方大量的领导力研究中，我们看到学者多数会研究某一种特定的领导风格或行为（如道德领导、本真领导、领导自我牺牲行为、愿景沟通等），表现为在"领导力"一词前面加上各种不同的限定语。尽管这一做法或许并没有从根本上厘清特定的概念，但已经很少有学者会宽泛地去研究"领导力"。相应地，本章认为学者在研究追随力时也应该尽量避免对"追随力"这一含义模糊的概念加以直接研究。事实上，一些学者已经开始在相应的研究中逐步明晰核心概念。例如，赵慧军（2013）的研究便聚焦于追随行为，并将其界定为"在工作场所的上下级关系中的下属所形成的相对稳定的行为方式和行为倾向"。

（二）追随力（Followership）总是积极正面的吗

在西方的语境下，由于追随者常常被视作缺乏领导能力的个体，追随力这一概念在某种程度上具有一些消极的蕴涵（Hoption et al.，2012）。Hoption 等的实验研究发现，那些被赋予"追随者"身份标签的人表现出比"领导者"和其他人更少的积极情感，也不大愿意做出角色外的行为。与此截然相反的是，国内的一些研究一味地强调追随力的正面作用和积极属性。为了更加凸显追随者的重要性，强调追随力的积极作用似乎是可以理解的。但是，即便考虑到这一诉求，我们在研究中也不能够先验地认为追随者总是能够发挥积极作用。

一个显而易见的事实是，追随者及其行为并不总是千篇一律的，他们所能够产生的作用也会有很大的差异（Kellerman，2008；Kelley，1992）。在组织中，几乎每一位领导者都有或多或少的追随者，但这些追随者在追随过程中的效果或质量却有明显的区别。一些追随者既能够在领导者实现目标的过程中发挥不可或缺的作用，又能够帮助领导者与组织识别新的创新机遇或者规避潜在的风险，从而成为组织发展中的重要推动力量，这类追随者的重要性在一定程度上甚至不亚于组织的领导者。相对而言，另一些追随者对于组织发展的作用则会小很多，更多的是起到配合和辅佐领导者的作用。在此之外，一部分追随者在特定的条件下甚至会对组织的健康发展起到负面的影响，例如那些纵容并帮助领导者执行错误决策的追随者。正如领导者表现出的不同领导方式能够导致不同的效果一样，追随者在追随方式上也存在相当大的差异，并会产生不同的效果。对于组织来说，清晰地认识不同追随者的追随方式，引导和塑造那些高质量的、有助于组织发展的追随方式，将有助于更好地推动组织的健康持续发展。

考虑到追随者行为上的多样性，Carsten 等（2010）所进行的质性研究便揭示出三种不同类型的追随者，分别是被动式、积极式和主动式。从研究结果来看，这三类不同的追随者在各自行为模式上差异显著。不过，该研究并没有直接考察不同类型追随行为的后果。如果我们借鉴近年来有关主动行为的相关研究（Grant & Ashford，2008；Griffin et al.，2007），便可能倾向于认为主动式追随行为更能够提升领导过程的有效性，并进一步为组织带来竞争优势。即便如此，主动式追随行为能否真正地发挥其积极作用，既有待于实证研究的进一步检验，从理论上看也需要考虑领导者因素及情景因素的综合作用。基于上述分析，本章认为后续研究在考虑追随者能否产生积极作用这一问题时，需要破除简单的一元化认识，而是对追随者和追随行为进行更加具体细分的分析。换言之，追随者与追随力本身并不具有积极或者消极的属性，只有对此概念进行具体厘清之后才有可能对其效果加以探讨。

（三）追随者与下属之间需要加以区分吗

针对追随者与下属之间是否应该予以区分，现有研究中存在两类相对立的观点。一部分学者认为追随者就是下属，这两个概念可以交换使用。在以往的研究中，学者往往根据人们所处的职位等级来界定领导者和追随者，即追随者是那些处于从属地位的人，他们缺少上级所具有的权力、权威和影响力（Kellerman，2008；Uhl-Bien et al.，2014）。这一定义将追随者等同于上下级关系中的下属或者下级，也得到了一些研究者的认可与接纳（Carsten et al.，2010），并且似乎也没有引起过大的误解。与之相反的是，另一部分学者认为追随者与下属之间有着显著的差异，不应该简单地等同起来。例如，Chaleff（1995）认为，追随者与下属并不是同义词。在他看来，追随者全身心地投入到组织愿景和战略目标的实现中，而下属则意味着一种听命于直接上级的、机械式的、不完全的投入。对于两者的差异，原涛和凌文辁（2010）从词义辨析的角度给出了说明。他们指出，追随者与下属两词存在不同的对应概念。下属（subordinate）的对应概念是上级或者主管（supervisor），而追随者（follower）的对应概念则是领导者（leader）。

值得注意的是，不同学科对于追随者的界定和理解往往存在一定的差异。在政治学中，追随者的概念外延比较宽泛。一些政治人物的追随者常常会超越国别、民族、时间和空间的限制，构成一个非常庞大的追随者群体（Burns，1978；Kellerman，2008），如甘地、曼德拉、毛泽东等。这种追随者群体中，既包含根据追随对象（伟大政治人物）的教诲和指令而采取行动的人，也包含那些仅仅是崇拜和仰慕追随对象的追随者。在宗教体系下，宗教领袖通常也拥有一大批忠实的追随者。这些追随者的构成更加复杂，往往会包含一个或多个社会中位于不同社会阶层的人们，他们的共同特征在于对宗教教义的信仰和对于宗教领袖的拥护。

在以企业作为主要研究对象的管理学科中，对于追随现象的探讨相较而言更多地聚焦于组织内部，而很少逾越组织的边界并扩展到整个社会层次上。通常而言，追随与追随者的概念是和领导与领导者的概念相伴出现的。因此，学者对于追随者的不同看法，在一定程度上肇始于领导者这一概念自身的变化。传统的领导力研究通常只关注处在正式领导职位上的个体，因此领导者等同于上级，追随者则等同于下级（Bjugstad et al.，2006）。然而，随着组织环境呈现出一系列新的变化，以共享领导、自我领导等为代表的新型领导理论开始出现，它们认为即便是处在较低职位层次的组织成员也可能成为领导者。领导者与追随者的概念便不再仅仅局限于职位关系中的位置高低，而是回归到领导与追随这一基本关系上。近年来，基于建构主义视角对追随行为进行的一些研究（DeRue & Ashford，2010）进一步表明：领导者与追随者形成于组织中不同主体之间的社会互动，而非固有的层级关系。由此，Yukl（2010）指出，追随者的关键特征是愿意接纳领导者作为其获取工作指导的主要来源，而无论此人是不是正式职权关系上的领导者。由此来看，追随者既可以是组织中的基层员工，也可以是处在较高职位的中高层管理者（Hinrichs & Hinrichs，2014）。

追随者与下属之间的根本区别在于顺从的来源不同。对于下属而言，他们顺从的是组织中正式的职位权力；对于追随者而言，他们则会对领导者进行判断，是否追随的决策完全是追随者自己有权做出的决策（Kouzes

& Posner, 2012)。换言之,成为上司的下属并不一定意味着成为领导者的追随者。在组织中,职级体系中的上下级关系本质上是职位与职位之间的关系,而领导者与追随者之间的关系本质上则是人与人之间的关系。

进一步来看,在研究中忽视追随者与下属之间的差异可能会带来一些较为深远的影响。一方面,当我们将追随者与下属等同对待时,已有那些关于下属的研究成果就很自然地被移植到追随研究领域中来。这些研究成果虽然在一定程度上有助于我们认识追随现象,但也可能阻碍学者针对追随现象本身建构起正确的理论。另一方面,组织职级会对员工的态度和行为产生影响,较低的职级往往会对员工产生一些消极的影响,从而使他们很难成为主动式的追随者。同时,由于人们对于较低职级成员的绩效评估存在一定偏见,即便他们表现得足够优秀,他们也很难得到很高的评价(Hinrichs & Hinrichs, 2014)。由此看来,当我们将追随者与下属等同看待的时候,我们便很有可能忽视掉一些潜在的、积极主动的、超越自身岗位职责的追随行为。鉴于此,今后有关追随者的研究中应当考虑个体在组织中所处的职级及其产生的影响。

结合上面的讨论可以看出,在针对追随现象进行研究时我们应该对追随者与下属进行更为细致的区分。在已有的相关研究中,我们的理论与实证研究更多的还是着眼于那些作为普通员工的追随者,而这可能是有失偏颇的。在未来研究中我们需要认识到,并非所有的普通员工都是追随者,在取样时应当聚焦于那些真正能够代表追随者的个体。同时,对于处在不同职位层级上的管理者而言,也同样可能表现出追随行为,这也具有独到的研究价值。

(四) 追随者会对领导者产生影响吗

近年来,追随问题之所以在学术界和实践界引起较多关注,其中一个重要的原因就是学者和领导者更加明确地认识到追随者可能带来积极影响(Lapierre & Carsten, 2014; Riggio et al., 2008)。事实上,在 20 世纪 90 年代,随着 Kelley (1992) 和 Chaleff (1995) 有关榜样型追随者和勇敢追随者的著作面世之后，"追随者能够对组织产生重要影响"这一观点并不稀奇。然而，在当时整体上较为稳定、有序、简单的商业环境下，领导者个人仍然被视作影响组织运营成功的主要因素，并且在商业实践中不断得以验证，因此对于追随者的探讨便显得没那么重要（Baker，2007）。随着现代企业组织所面临的商业环境更加复杂动荡、更加充满不确定性，领导者仅凭一己之力已经不再能够胜任环境的要求，人们转而期望追随者能够为组织的变革创新提供新的动力（Bennis，2000；Kellerman，2008）。

在传统的领导力研究中，领导者常常是驱动追随者和组织的关键力量，而追随者则多数扮演着接受影响和被驱动的角色（Hernandez et al.，2011）。回顾数十年的领导研究（如变革型领导、交易型领导、家长式领导等）可以发现，几乎领导风格或行为都扮演着自变量的角色，而追随者的行为、态度、心理过程等往往是作为结果变量加以研究的。也就是说，领导过程主要成了领导者对追随者施加影响的过程。近些年来，一部分学者开始指出追随者个体和群体能够对领导者产生影响。相对于领导者来说，追随者虽然拥有较少的职权，但他们仍然可以通过自身的行动来支持或抵制领导者。Oc 和 Bashshur（2013）基于社会影响理论（Social Influence Theory）分析了追随者对于领导者所能产生的影响力。一方面，某些追随者个体（如本身拥有一定职权的追随者或受其他追随者高度认同的追随者）能够通过向上反馈和一些影响策略对领导者的态度、行为、决策等产生影响；另一方面，由所有追随者构成的群体也会对领导过程产生影响。在现有研究中，追随者群体的影响并没有得到足够的重视。然而，群体动力学的相关研究发现那些凝聚力较高的群体往往能够发挥出比单个个体更强大的影响力。一般而言，某一个追随者个人对领导者产生的影响是较为有限的，而整个追随者群体的一致行动则会给领导者的决策和行动过程带来相当大的规范性压力与影响。Tee 等（2013）提出的理论模型指出，当追随者觉得领导者行为不当并伤害到群体身份时，追随者群体中出现的消极情绪会驱动他们对领导者做出集体行动，以便维护和强化共同的群体身份。在这些研究成果不断出现的同时，追随者能够影响领导者这一观点也已经受到学者的逐步认同。

虽然"追随者能够影响领导者"这一观点具有颠覆传统认识的吸引力，但我们也必须清醒地认识到，目前对这一观点的支持多数还处在理论思辨阶段，尚未有实证研究来支持追随者因素确实能够在一定条件下影响领导者。不过，新近的一项研究中，Wee、Liao、Liu 和 Liu（2017）提出了追随者"平衡策略"（Balance Operations）这一概念，并考察追随者不同类型平衡策略对于领导者辱虐管理的影响，这一研究可以视作追随者影响领导者的一项重要实证研究。此外，什么样的追随者能够影响领导者？这种影响主要是正面的还是负面的？追随者及其群体究竟是借助于哪些人际或者群体过程才对领导者产生相应影响？对于这些问题，我们仍然知之甚少，需要在未来的研究中加以探讨。

四、追随研究的未来展望

在上一节中，我们围绕着追随力概念、追随力的属性、追随者与下属区分及追随者对领导者影响这四个关键问题进行了分析。不难看出，这四个问题都是学者在研究追随现象时需要面对和考虑的基本问题。本章在此进行讨论的目的，并不在于对上述问题给出明确的回答（也许并不存在一个唯一的回答），而是希望借助于这些讨论，促使我们更加深入地思考这些问题，并为未来的追随研究提供一些可能的方向。具体来说，本章认为未来的追随研究应着重考虑以下几个方面的问题：

（1）厘清基本概念。在组织管理研究领域内，某一个话题所能得到发展的程度，往往与核心概念本身的清晰性和严谨性关联密切。学者在提出和研究新的现象时，也往往从概念界定这一基础性工作着手。正如前文所述，当前追随研究中的概念内涵是比较模糊的，这在很大程度上限制了相关研究的进一步发展。需要指出的是，这种概念上的模糊性尤以"追随力"为甚。鉴于此，本章建议未来研究更多地考虑对追随概念加以深化和具体分析。学者既可以聚焦于某一种特定的追随（如被动式、积极式等），也可以从追随者的某一个侧面入手，选取合适的概念加以分析，例如追随者的特定行为、身份、情感、态度等［如宋继文等（2017）］。不论研究什么概念，未来研究都应当重视提出和发展一个意义清晰准确的概念界定，并以此作为开展后续工作的基础。

（2）建构理论模型。在领导研究的发展过程中，一个很重要的问题便是领导理论模型的开发严重不足（van Knippenberg & Sitkin, 2013）。领导理论的缺乏使领导研究当前面临着继续发展的"瓶颈"，相关学者也开始在此基础上进行反思和改进。对于处于后发地位的追随研究而言，需要在挖掘追随现象的基础上更好地建构起相关的理论模型，从而为追随研究的未来持续发展提供原动力。值得注意的是，我们需要对追随现象的理论模型和变量模型加以区分：变量模型是当前实证研究的主体内容，体现为考察追随相关概念的前因、后果、中介与调节因素；而理论模型则着力于挖掘追随现象之下及其背后的实体与过程，帮助人们正确地解释和预测认识追随对象，并指导人们合理地利用和改变"追随"这一研究对象（章凯和罗文豪，2015）。

（3）开发测量工具。通过对追随相关研究的系统梳理（参见本书第二章）发现，当前学者的工作在理论层面探讨居多，较少开展高质量的实证研究，这就使学者提出的一些理论观点暂时尚未得到相应的实证检验（原涛和凌文辁，2010；Uhl-Bien et al., 2014）。之所以出现这一现状，很大程度上则是由于测量工具的缺乏。当前，一部分学者已经开始针对追随概念进行量表开发（周文杰等，2015；赵慧军，2013；Leroy et al., in press），并进行了初步的信效度检验。在未来的研究中，学者需要在明晰概念内涵的基础上，对不同的测量工具进行检验，从而更好地推动相关实证研究的进展。

（4）创新研究方法。作为一个较为新颖的研究话题，未来的追随研究在充分应用常规的研究方法（如问卷调查法）之外，也应当重视使用和创新其他类型的研究方法。值得说明的是，由于追随者总是动态地在和领导者及他们所处的环境中进行互动，因此在已有的问卷调查中引入动态的时间观念将是一个重要的方向。此外，通过对一些典型的追随者或者领导者——追随者组合进行案例研究与质性访谈，都将有可能帮助我们在认识追随现象时获得"更为丰富的描述"和可能的洞见。例如，当我们希望了解一个团队中的追随者群体是如何影响领导者这一问题时，基于统计的问卷方法暂时难以检验这一自下而上的过程。与之相反，质性研究则在这一研究问题上表现出更强的适应性［如王悦、郭一蓉和罗文豪（2017）］。甚至是，学者在探索追随现象的过程中，也可以跳出常规的质化或者量化方法，开创与发展出一些更为新颖而适用的研究方法。

（5）挖掘文化特色。对于中国学者来说，是否要考虑中国文化特色、在什么时候考虑、考虑到何种程度上，这些似乎已经成为我们在每一个研究主题上都会思考甚至争执的话题，追随研究同样概莫能外。从本章的相关分析可以看出，尽管追随现象在国内外有一定的差异（例如，中英文对于"followership"一词的理解可能就并不一致），然而我们所探讨的追随研究更多的仍然是"文化整合的"或是"文化普适的"（章凯等，2014；Hwang，2014）。也就是说，追随研究关注的更多是一般意义上的、普适性的领导者与追随者之间的互动问题，这或许是未来学者开展相应研究的一个基本出发点。不过，我们也必须承认的是，一般性之中同样存在特殊性。中国社会有着源远流长的文化传统，诸如"家国天下""三纲五常""权威至上"等理念、取向和实践在今天的社会中仍然有着广泛影响。在这一背景下，中国组织中的员工极有可能表现出与西方不同的追随行为和实践。然而，这一"特殊之处"到底是什么？这是未来的追随研究真正意义上要去探索和挖掘的问题。

追随问题在近年来开始逐渐吸引学者和实践者的关注，这本身就是一个值得研究的现象。鉴于此，本章首先对追随研究的历史起源做了简要的回顾，进而重点分析了追随问题在当前组织情境下越发凸显其价值的现实驱力。在本章第三部分，我们从追随研究中涉及的四个基本争议问题着手，开展了相应的讨论。最后，我们从理论发展、量表开发、方法创新等多个层面展望了未来的追随研究。综合本章的讨论可见，追随研究不是一个完全意义上的新生事物，对于追随现象的研究也不能够脱离开已有的领导研究而"另起炉灶"。然而，追随研究受到关注和重视的时间毕竟尚短，在理论和实证研究中都还有着较多的机会。这对于中国学者来说或许是一个宝贵的机遇：在这样一个更为新颖、与时代问题紧密相关的研究课题前，中国学者通过深入挖掘现象、努力建构理论、开展实证研究等方式，以全球化的视野发展出有影响力的追随理论，未尝不是一件可待期许的事情。

第二章

追随研究的文献回顾与述评

一、追随与追随者

"追随"一词本身具有较为丰富的含义。在《韦氏大学词典》中，"追随"（Follow）作为及物动词，可以指"依据（规定、指导等）行动"或者"接受权威（遵从）"。作为不及物动词，"追随"则主要指"在时间、地点或者顺序上跟随某人或者某物而行动"。由此，我们可以将追随理解为一种行动模式，即不是由自我来决定采取怎样的行动，而是根据他人或者他物的指令、指导或权威展开行动。进一步地，追随者（Follower）在《韦氏大学词典》中则有三种不同的解释：一是指那些支持并听从某人、某个群体或者某种宗教的人群；二是指非常喜欢和羡慕某人或某物的人们；三是指遵循其他人的指令行动的人。这里，追随者的第二种含义与生活中人们所说的"粉丝"（fans）同义，这一理解与企业情境下的追随者虽然有所交集，但并不能够完全涵盖企业中追随者的范围。第三种含义则在一定程度上放大了追随者的内涵。在企业情境下，下级员工往往需要遵循上级成员所发出的指令并依此行动，但下级员工并不必然地属于追随者群体（Hinrichs & Hinrichs，2014）。甚至是，由于产品或服务流程设计使一些部门和人员需要听从上游部门及人员的指令采取进一步的行动，但这一模式下的员工则不能称为追随者。相对而言，对于追随者的第一种界定更能够准确地界定本书所研究的追随者群体。他们支持和听从的对象或者是某一领导者个人，或者是整个领导者集体（如高层管理团队），或者是某种具有精神象征的价值理念。

值得注意的是，不同学科对于追随者的界定和理解存在一定的差异。在政治学中，追随者的概念外延比较宽泛。一些政治人物的追随者常常会超越国别、民族、时间和空间的限制，构成一个非常庞大的追随者群体（Burns，1978；Kellerman，2008），如甘地、曼德拉、毛泽东等。这种追随者群体中，既包含根据追随对象（伟大政治人物）的教诲和指令而采取行动的人，也包含那些仅仅是崇拜和仰慕追随对象的追随者。在宗教体系下，宗教领袖通常也拥有一大批忠实的追随者。这些追随者的构成更加复杂，往往包含了一个或多个社会中位于不同社会阶层的人们，他们的共同特征在于对宗教教义的信仰和对于宗教领袖的拥护。

在以企业作为主要研究对象的管理学科中，对于追随现象的探讨相较而言更多地聚焦于组织内部，而很少逾越组织的边界并扩展到整个社会层次上。通常而言，追随与追随者的概念是和领导与领导者的概念相伴出现的（Yukl，2010）。在以往的研究中，领导研究学者们往往根据人们所处的职位等级来界定领导者和追随者，即追随者是那些处于从属地位的人，他们缺少上级所具有的权力、权威和影响力（Uhl-Bien et al.，2014）。这一定义将追随者等同于上下级关系中的下属或者下级，也得到了一些研究者的认可与接纳（Carsten et al.，2010）。然而，Chaleff（1995）却认为追随者与下属并不是同义词。在他看来，追随者全身心地投入到组织愿景和战略目标的实现中，而下属则意味着一种听命于直接上级的、机械式的、不完全的投入。对于两者的差异，原涛和凌文辁（2010）从词义辨析的角度给出了说明。他们指出追随者与下属两词存在不同的对应概念。下属的对应概念是上级或者主管，而追随者的对应概念则是领导者。传统的领导力研究通常只关注处在正式领导职位上的个体，因此领导者等同于上级，追随者则等同于下级（Bjugstad et al.，2006；Bresnen，1995）。然而，随着组织环境新的变化，以共享领导（Pearce & Conger，2003）、自我领导（Neck & Manz，2010）等为代表的新型领导理论开始出现，它们认为即便是处在较低职位层次的组织成员也可能成为领导者。领导者与追随者的概念便不再仅仅局限于职位关系中的位置高低，而是回归到领导与追随这一基本关系上。近年来，基于建构主义视角对追随行为进行的一些研究（Collinson，2006；DeRue & Ashford，2010）进一步表明：领导者与追随者形成于组织中不同主体之间的社会互动，而非固有的层级关系。由此，Yukl（2010）指出追随者的关键特征是愿意接纳领导者作为其获取工作指导的主要来源，而无论此人是不是正式职权关系上的领导者。综合上述分析，本书将追随者界定为"那些愿意并且有能力跟随、支持领导者或群体并据此行动的组织成员"。追随者既可以是组织中的基层员工，也可以是处在较高职位的中高层管理者（Hinrichs & Hinrichs，2014）。

正如 Uhl-Bien 等（2014）指出的那样，管理领域内的研究者们直到近些年来才开始就追随者的相关问题展开研究。在此之前，研究关注点更多地聚焦在领导者身上。当然，在领导力研究的进程中，追随者的角色和作用也逐渐引起学者的注意，典型范例包括 Meindl（1990，1995）发展的追随者中心的领导力研究以及内隐领导理论等（Epitropaki et al.，2013；Lord，1985）。尽管关于追随的研究才刚刚起步，但以往学者的不同研究也从不同的视角直接或间接地涉及追随问题（Uhl-Bien et al.，2014）。根据研究问题的差异，这些研究可以区分为以下三类：对于追随行为的研究、对于追随动机的研究，以及从关系视角进行的追随研究。以下部分将依次从上述三个方面综述已有的相关研究。

二、追随行为研究

在组织行为学中，考察个体或者团队表现出的具体行为是一种较为普遍的研究视角（Staw，1984），这一点在领导力研究中体现得尤为突出。在现有的领导力研究中，许多学者都将员工各种形式的工作行为（如角色行为、组织公民行为、反工作行为、建言行为等）作为领导有效性的一种表现或结果（Hiller et al.，2011）。类似地，学者对于追随的研究也有相当一部分聚焦在对追随行为的研究上（陶厚永等，2014）。根据 Carsten 等（2010）的界定，追随行为是指追随者个体在与领导者进行互动时所表现出的行为，而并不包括追随者自身的工作活动（包括自我管理与自我领导行为）及与其他同事之间的互动行为。具体而言，追随行为包括追随者选择承担与领导者相关的责任、追随者如何与领导者沟通（包括表达不同的意见），以及追随者如何处理和应对涉及领导者的有关问题等。在过往的研究中，主要涉及的追随行为包括以下几类：

（一）服从行为

在不同类型的追随行为中，研究者往往将服从行为视作最典型的追随行为。这主要是由于不少学者基于层级和权威的视角来理解领导力（Barnard，1938；Weber，1968）。在典型的层级化正式组织中，领导者处在组织阶层的高处，负责依组织内外部情境变化制定决策；而追随者则处在组织阶层的较低处，主要职责是服从领导者的指令并几近于无条件地执行指令。基于这一基本假设，追随者的服从行为有利于更好地落实领导者的意图，从而可以促进组织效能的提升。在此之外，Van Vugt 及其同事们（King，Johnson & Van Vugt，2009；Van Vugt，2006；Van Vugt，Hogan & Kaiser，2008）从进化心理学的视角出发，认为追随者服从行为的出现可能是自然选择的过程。在人类祖先进行社会交往的过程中，适合的行为被选择并保留下来。这些行为——包括在某些情境下服从于权威中心的命令——能够带来更好的结果。

然而，服从行为并不总是能够带来积极的结果。Milgram（1965）的经典服从实验较为直接地揭示了服从行为的负面效应。在这一实验中，被要求表现出服从行为的被试会一直不断地增加电击的强度，从而增加对学习者（由实验人员扮演）所犯错误的惩罚力度。尽管这一实验带来了研究伦理上的争论，但实验结果仍然在后续的重复试验中得以验证（Burger，

2009）。可以看出，即便实验者与被试之间并不存在领导—追随关系，被试表现出的服从行为仍然具有令人震惊的威力。在"二战"中，一些纳粹分子对于希特勒的盲目服从同样在人类历史上留下了罄竹难书的罪行。在现今的企业组织中，以层级制为主的权威结构仍然占据着主导地位，这就使身处低层次的追随者们依旧会倾向于表现出更多的服从行为（Burger，2009；Passini & Morselli，2009）。这一倾向的持续存在很可能会带来盲目甚至是错误的服从。Carsten 和 Uhl-Bien（2013）的研究表明，那些更为传统的追随者，即更加倾向于被动地服从领导者的员工，会更有可能愿意接受领导者有悖伦理的指令并表现出不伦理的行为。类似地，Bennis（2000）也指出了追随者盲目服从的潜在弊端。在 Bennis（2000）等学者看来，现代商业组织中的领导者再也不是组织中最博学多才或最具胜任力的个体（Pearce，2004）。领导者同样会由于能力或经验的缺乏而在决策过程中犯错误，追随者如果仅仅是一味地追随便有可能在错误的方向上越陷越深，并最终使组织走向失败。

Uhl-Bien 和 Pillai（2007）进一步指出，由于追随者与领导者之间常常存在地位上的差异，典型的追随行为必然包含某种形式的服从。然而，不同追随者服从的程度会有所差异。有些追随者会从更加传统的"下属"视角来理解追随，从而更多地表现出如顺从、避免承担责任、与领导者保持一致、不愿意向上建言等行为。另外一些追随者则有可能会以一种互动的视角来理解追随，从而表现出更加积极主动、敢于提出不同意见，甚至敢于挑战领导者的行为。这类行为与 Chaleff（1995）所说的"勇敢的追随者"较为一致。这样看来，服从行为并不能够简单地进行"有"或"无"的区分，而是一个存在不同程度的连续体。其中，盲目服从和拒不服从是这一连续体的两个极端。在现今日益激烈复杂的竞争环境下，有效的追随者需要在这一连续体上动态地平衡和调整服从行为的程度。

（二）忠诚行为

与服从类似，已有研究也将对于领导者的忠诚视作有效追随者的行为特征之一。例如，Carsten 等（2010）开展的质性研究表明，在追随者自身看来，对领导者的忠诚和支持是有效追随所必需的条件之一。忠诚意味着对于领导者自始至终地表现出全身心的支持，甚至甘愿为领导者牺牲自我利益和毫无保留地奉献（Chen, Tsui & Farh, 2002）。在西方的研究中，忠诚被看作领导成员交换关系（LMX）中的一个维度（Dienesch & Liden, 1986）。在诸如中国这样更加强调人际关系的社会文化下，对于领导者的忠诚甚至被视作社会成员的一项应有职责或义务（Farh & Cheng, 2000）。从领导者的视角看来，忠诚的追随者既可以对他们的目标和行动给予支持，也可以在内外部环境出现变化和危机时适时地保护领导者自身，因而更容易赢得领导者的信任，并与之构建起较高水平的交换关系。

根据 Jiang 和 Cheng（2008）的研究，追随者对于领导者的忠诚按照形成动因可以区分为角色忠诚和情感忠诚两类。其中，角色忠诚指由于角色关系和社会规范对于角色的期望所引发的忠诚行为。在组织中，当追随者跟随领导者完成某一目标时，组织制度设计本身往往会期望追随者能够忠诚于领导者及其所代表的目标。这种期许在官僚制色彩最为浓厚的军队和政治组织中表现得最为突出。在十分强调权威取向和儒家伦常的中国社会中，人们对于追随者的忠诚（效忠）普遍也有较高的期待（Cheng et al., 2004；杨国枢，2004）。相反，情感忠诚则与角色没有直接关系，而更多的是由于追随者与领导者之间的情感联系所激发的忠诚，与对于领导者的承诺感这一概念有相似之处。日常生活中常说的"士为知己者死"便属于这一类情感忠诚。

对于组织来说，追随者的忠诚具有积极意义。Hirschman（1970）研究了当组织中的员工遭遇不满意时可能的行为反应，包括退出、建言、忠诚和消极四种主要的行为。其中，忠诚被认为可以避免退出行为而更多地激活建言行为，从而有助于组织保留合适的人才并得到来自员工的反馈。相关的实证研究同样表明，追随者对于领导者的忠诚可以有效地预测下属的角色内绩效、角色外绩效（如组织公民行为）、工作满意度和离职意向等主要的结果变量（Chen et al., 2002；Chen, 2001）。

（三）主动行为

在为数不多的有关追随者的研究中，追随者的主动行为得到了研究者们较为一致的重视。例如，Zaleznik（1965）根据"支配—顺从"及"主动—被动"这两个维度将下属划分为四类（冲动型、强迫型、受虐型、放弃型），这是针对追随者进行分类的最早模型。在此之后，Kelly（1988）的分类体系同样采用两个维度来构建分类模型，分别是"依赖性—独立性"及"被动性—主动性"。这两个维度共区分出五种不同类型的追随者，分别为疏远型、榜样型、被动型和顺从型，以及在两个维度上都表现折中的务实型追随者。近年来，Kellerman（2008）从政治科学的研究视角出发，根据追随者的参与水平高低将追随者划分为孤立型、旁观型、参与型、主动型和顽固型五类。在她的分类体系中，追随者表现出的主动行为同样是一个重要的参考标准。

在一定程度上，上述不同学者对于追随者进行的分类是为了识别出更为有效的追随者类型（Kellerman，2008）。值得注意的是，多位不同学者都将追随者的主动性作为重要的分类标准，并认为有效的追随者需要具备较高的主动性。例如，Kelly（1988）所说的榜样型追随者就具备独立判断和积极行动的特性。Kellerman（2008）也将主动型追随者视为政治活动中催生变革的积极力量。Carsten等（2010）的研究也将主动型追随者视为最为有效的追随者。在他们看来，主动型追随者主动地承担责任，不能一味地盲从，敢于对领导者的决策提出异议，他们的行为在某种程度上更像领导者。这些研究充分说明了追随者的主动行为在理解追随行为中的重要性。

出于组织结构和环境的变化，当今组织研究和实践都格外看重追随者的主动行为（Crant，2000）。正如Bennis（2000）所言，现今的领导者再也不是全能全知的组织成员。与此同时，组织所面临的复杂多变的环境挑战意味着组织很难预先制订完善的计划，因而更加需要组织中的不同成员（而非仅仅是领导者）主动地采取行动以应对变化（Fritz & Sonnentag，2009）。员工的主动行为强调采取自发的、指向未来的行动，并试图改变或改善自身与组织的境况（Crant, 2000；Griffin, Neal & Parker, 2007；Unsworth & Parker, 2003）。这一类主动行为的关键特征是：员工不再被动地对外在环境和组织变化做出反应，而是积极、主动地试图去影响可能的变化，从而促进自身以及组织适应能力的提升（Grant & Ashford, 2008）。具体到领导者与追随者的关系之中，追随者的主动行为则体现为主人翁精神、主动向领导者提出建议，以及在领导者要求之前帮助解决问题等（Carsten et al., 2010）。表现出主动行为的追随者将自身视作领导和组织过程中的参与者之一，并且倾向于和领导者之间发展合作关系，而不仅是传统的上下级关系。由此，追随者的主动行为意味着追随者不再被动地听令于领导者的指令而行事，而是充分发挥自身的主动性和积极性。

（四）建言行为

与主动行为类似，研究表明员工的建言行为能够对组织的绩效和生存发展产生关键的影响（Morrison, 2011）。员工对领导者的建言，即提出和表达与工作相关的建设性意见或想法（Van Dyne, Ang & Botero, 2003），能够帮助领导者提高决策质量，避免相关的错误并且改善当前的组织状况（LePine & Van Dyne, 1998；Morrison & Milliken, 2000）。与此同时，员工的向上建言也会加速组织学习和优化的进程，帮助领导者改善工作流程和问题（Detert & Burris, 2007）。除了为组织带来益处之外，有效的建言行为也能够对员工自身的自我感知和工作态度产生一定的积极影响（Morrison, 2011）。

追随者的建言行为同样得到了学者的重视。例如，Kelly（1992）在对追随者风格进行研究时，就注意到独立、批判性的思考是优秀追随者的特征之一。具备独立批判性思维的追随者，能够站在领导者和组织的角度考虑问题，并提出建设性的、有价值的方案。可以看到，Kelly（1992）所说的批判性思维是追随者向领导者建言的一个重要的个人前因。此外，Carsten 和 Uhl-Bien（2012）的研究也表明，那些相信领导者与追随者共同塑造了领导力的追随者更有可能表现出向上建言的行为。

　　在组织中，追随者向上建言既可能有相应的奖励，也有可能带来一定的风险（Burris, 2012; Detert & Burris, 2007）。因此，为了激励追随者积极向领导者建言献策，作为建言对象的领导者需要形成开明的领导风格，并对下属建言持有包容开放的态度。领导者表现得越开明，追随者就越能感受到向上建言的有用性和安全性，从而更加主动积极地向领导者建言（Detert & Burris, 2007; Morrison, 2011）。在之前的研究中，多项实证研究表明追随者的向上建言行为会受到变革型领导风格（Detert & Burris, 2007; Liu, Zhu & Yang, 2010）、支持性领导（Miceli, Near & Dworkin, 2008），以及良好的领导成员交换关系（Burris, Detert & Chiaburu, 2008）的积极影响。相反，如果领导者表现出负面的领导行为（如辱虐管理等），追随者向上建言的频率就会显著减少（Burris et al., 2008）。综合这些研究来看，在当代组织情境下，追随者的建言行为对于提升领导者决策有效性和组织有效性有重要的推动作用，但同时追随者向上建言又有赖于领导者的激发和鼓励。

（五）小结

　　本部分简要回顾了四类主要的追随者行为，分别是服从行为、忠诚行为、主动行为和建言行为。这些行为共同反映出追随者在领导—追随关系中两种不同的形象。第一种形象是相对被动的参与者，更多地表现为听从领导者的指令、完成分派的任务和目标。这种形象明显地体现在追随者的服从和忠诚行为之中。第二种形象则是更加主动积极的参与者，追随者将自己看作领导过程中的行为主体，他们不再满足于听命于领导者，而是试图对领导者造成影响。这一形象更多地表现在追随者的主动和建言行为之中。当然，追随者的这两种不同形象并非截然对立存在的。例如，现有研究中归纳出的主动型追随者除了表现出积极主动行为之外，也需要一定程度上的服从和忠诚行为（Carsten et al., 2010）。由此看来，组织中的追随者所表现出的行为往往是一个比较复杂的综合现象。对于追随行为的研究有助于为追随活动的研究提供相应的事实基础，但在揭示追随活动的心理基础和内在机理上却仍显乏力。

三、追随动机研究

一般来说，组织中的领导者往往可以得到更多的权力、威严、资源和名望，更容易获得社会大众的关注，而追随者相对来说得到的则比领导者少很多。除此之外，追随领导者意味着追随者需要放弃对自己行为的任意决定权，而一般来说人们更希望自身有决定自己行为的自由（Tyler，2005）。既然如此，为什么还会有追随者自发自愿地追随领导者？对这一问题的解答，就涉及考察追随者追随的心理动机问题（Popper，2014）。类比组织行为学中对于工作动机的定义，我们可以将追随动机理解为"激发组织中的个体追随领导者（从而成为追随者）并且保持追随状态的动力"。不同的工作动机可以驱动人们不同性质和强度的工作行为，因此不同类型的追随动机也会激发组织中的个体展现出不同类型的追随行为。对追随动机的考察有助于解释追随者追随行为背后的深层次心理动力和机制，从而帮助我们更好地认识追随行为的本质，以及追随者与领导者之间关系互动的动力所在。在已有的相关研究中，仅有Collinson（2006）和Shamir（2004）分别在他们的研究中简要地归纳了几种可能的追随动机，但尚没有学者针对追随动机进行系统的研究和阐述。尽管如此，学者有关追随动机的观点还是零散地分布在不同的研究领域中。本节将简要地回顾已有研究中揭示出的不同类型的追随动机。

（一）相似吸引

Ehrhart 和 Klein（2001）在研究下属对于主管偏好的过程中发现了"相似吸引"的现象。社会心理学的研究也表明，在性格特征、价值观、态度上较为相似或者一致的群体成员更可能相互吸引（Byrne, Clore & Smeaton，1986；Singh & Tan，1992）。组织中人与人之间的相似性，既可以包括诸如性别、年龄、教育程度等人口统计学意义上的相似，也包括在目标追求、价值观念、工作态度上的相似性。人口统计学上的相似性更容易识别和发现，但能够产生的影响往往较为有限。相对来说，第二种相似性出现在更加深层的理念层次上，有赖于双方的多次互动才得以确定，也更容易表现出稳定性和持续性。在考察追随者的追随动机时，研究者更加关注追随者与领导者在价值理念上的相似性及其激发的追随行为（Offermann，Hanges & Day，2001；Sosik，2005）。

在领导者—追随者的互动关系中，当潜在的追随者感知到领导者与自己在人格特征、自我概念及价值观念上有较高的一致性时，他们就更容易追随这样的领导者（Padilla，Hogan & Kaiser，2007）。在以往有关领导风格对下属影响的研究中，学者也发现领导风格可以通过促进领导者与下属之间的价值契合和自我概念一致性等，从而相应地提升领导效能和下属的工作绩效（Hoffman et al.，2011；Howell & Shamir，2005；Shamir，House & Arthur，1993）。综合来看，相似性使人们更容易对对方有稳定、可预期的判断，更容易信任和喜好对方。如果对方处在领导者职位上，这种相似性便会增进员工对于领导者的信任和偏好，从而更有动力来激发和维持追随状态。

值得注意的是，"相似吸引"这一基于社会心理学研究发现的现象，固然可以在一定程度上解释追随的动机，但同样存在以下两点不足：第一，根据相似吸引这一解释路径，追随者更容易追随那些与他们相似的领导者。然而，在实践中，很多追随者与领导者之间非但没有相似性，反倒更多的是一种补缺关系，即追随者希望在领导者身上发现和寻找自己所不具备的特征。例如，研究发现，对于那些本身不怎么自信的员工来说，高度自信的领导者会显得更加有魅力（Conger & Kanungo，1998）。Collinson（2006）也指出一些追随者之所以认同和追随有魅力的、强大的领导者，是期望通过追随来提升自身的自尊感。第二，在群体中，追随者能够识别出与自身具备"相似性"的群体成员可能并不仅仅局限于领导者一人。在那些群体同质性比较高的团队中，团队成员之间的相似性往往都比较高。按照相似吸引的解释逻辑，这些团队中将会呈现出人人相互追随的状况，这一解释显然不能很好地描绘组织和团队中的领导—追随关系。由此看来，相似吸引作为理解追随现象的一种动机因素，本身仍存在一定的局限性。

（二）需要满足

在关于个体动机的研究中，需要满足是一个基本的理论观点，有关个体基本心理需要的理论也成为激励和工作动机理论中的重要内容（Ambrose & Kulik, 1999; Maslow, 1987）。无论是马斯洛的需要层次理论、赫兹伯格的双因素理论，还是麦克利兰的需求类别理论等，都是将个体的心理需要视作激励个体的重要基础。这类需要理论的基本观点是：个体未实现的心理需要在得到满足时能够产生激励作用。具体来说，组织应该创造条件并提供相应的资源，帮助员工满足他们的心理需要，而受到激励的员工则会更加努力地工作。

类似地，学者也试图从追随者的心理需要角度来探索追随产生和维持的原因。Collinson（2006）归纳出的五类追随动机中，有两类都可以视作心理需要满足而激发出的追随动机：一是人们向上级或者领导者寻求安全和庇护而产生的追随。二是人们由于害怕混乱，期望上级或领导者提供稳定清晰的秩序保障而产生追随。类似地，Shamir（2004）指出的"基于安全"的追随和"基于意义"的追随也属于这里所说的"心理需要满足"这一范畴。正如 Maslow（1987）等学者揭示的那样，个体在组织中存在多种心理需要，如安全、财富、成就、权力、意义等。个体加入组织并完成工作，也期望组织能够在某种程度上满足他们的心理需要。在诸多不同的心理需要中，Kellerman（2008）指出，领导者能够提供和满足的追随者心理需要主要有以下三类：第一，安全和有序的需要。组织中常常充满着各种各样的不确定性和混沌，这对多数人来说是不期望面对的，甚至会让人们感到无助和困顿。而组织或团队领导者的一个重要职责就是去应对各种复杂的挑战和不确定性。对员工来说，选择追随领导者，听从他们的指令或决策，可以避免自身直接应对风险，转而在一个更加稳定有序的秩序中完成工作。第二，归属和群体的需要。人作为一种社会性动物，向来有着社会归属和群体接纳的需要（Maslow, 1987）。在大多数的正式组织中，选择追随领导者会使员工更加方便地融入所在的群体中。而挑战或者孤立领导者则既可能引起领导者的反击，也有可能难以与其他群体成员和谐相处。因此，追随领导者可以为他们提供一个有归属感的群体和社区。第三，工作和意义的需要。领导者的一项核心工作是为组织及其成员构建愿景，并以此作为引领组织向前发展的牵引力（Bennis & Naunus, 2003）。组织成员的日常工作只有和组织的愿景或目标建立关联，才能凸显工作的价值和意义。从这个角度来看，追随领导者能够让员工们得到参与集体工作的机会，并且感知到自身工作的意义。

通过上述分析可以看出，需要满足这一类用于解释追随的动机因素，从个体最基本的心理需要出发，对从心理活动和过程上解释追随现象有很大的推动作用。然而，这类动机因素在理论和实践中仍然有其局限性。首先，组织中的员工有着多种不同的需要，而能够满足这些需要的主体除了领导者之外，还包括组织的结构性设计、群体氛围和文化、组织的目标等其他技术性和社会性要素。Kellerman（2008）提出主要由领导者来满足的三类心理需要，在一定程度上可以由其他非领导者因素来替代。这样来看，仅仅从满足心理需要角度来理解追随，就会使我们陷入追随对象不明确的境地。其次，通过需要满足来理解追随动机的理论解释，根本上弱化了组织中个体所具备的主动性。相反，这一理论观点将追随者视作被动接受信息、做出反应的客体，他们只有在接收到领导者提供的刺激并感到需要满足之后，才会激发追随动机。例如，对于革命者而言，他们并没有去追求诸如安全、归属等心理需要的满足，而是主动地投身于某种价值信仰，从而追随革命领袖。

(三) 服从权威

这一类的追随动机又可以称为"基于职位"的追随（Shamir, 2004），即遵从领导者在社会组织中的正式职位和权威而产生的追随（Collinson,

2006)。在企业组织中，大多数的领导—追随关系都发生在正式的职位体系之中，即领导者通常处于较高的职位上，而追随者则处于较低的职位之上（Kellerman，2008；Uhl-Bien et al.，2014）。虽然近些年来的研究指出组织的正式权威和科层体系正在向水平化和网络化方向转变（Scott & Davis，2007），领导者和追随者之间也可以不存在权威和层级上的差异（DeRue & Ashford，2010），但正式组织体系在企业组织中的角色和影响仍然不可忽视。

正式化组织的一个基本特征是对于组织中不同角色、职位之间的关系与行为准则做出了十分明确清晰的描述，从而使"团队中的每个成员都能够形成对其他成员特定条件下行为的稳定预期"（Simon，1977）。在正式化组织中，领导者与追随者之间的关系是通过官僚科层机制来约定的。即领导者处于科层的上层，占据更高的地位和权威，而追随者则位于科层体系中的底层，需要遵照科层体系的期望服从领导者的权威。德国社会学家马克斯·韦伯关于正式组织的科层制模型较好地描绘了在正式组织系统中的运作状况。在韦伯看来，社会组织中的权威主要包括传统型权威（Traditional Authority）、理法型权威（Rational-legal Authority）和魅力型权威（Charismatic Authority）这三类（Weber，1968）。其中，传统型权威来源于对古老传统的神圣性和根据这种传统实施统治的正当性的既成信仰；而魅力型权威则是来自对圣人、英雄和超人的个人崇拜，以及对这些人物所提出和发布规章的忠诚。在上述两种权威之外，韦伯指出理法性权威是正式结构的基础，在现代组织的科层体制中得到充分体现。这里，理法性权威是指来源于对按照约束规则统治的"合法性"的信仰。

在由理法性权威构建起的正式化组织中，组织为处于职位层次顶端的领导者赋予施加统治的"合法性"。相应地，处于较低职位层次的组织成员则基于对理法性权威的信仰和遵从，接受这种"合法"的安排，并践行自身在这一职位体系中所约定的角色和职责，即成为依照"合法性"追随领导者的追随者。DeRue 和 Ashford（2010）的研究也指出，组织中正式的职位与权威设计会促使组织成员为自己宣称追随者的身份。在这样的正式

组织中，权威并不属于领导者个人，而是属于组织的结构安排（Scott &
Davis，2007）。因此，与其说追随者追随的是特定的领导者，不如说他们
追随的是正式结构中的"合法性"（Tyler，2005）。一旦领导者离开他所在
的职位，或者该领导者的"合法性"不复存在的话，追随者对这位领导者
的追随状态就会相应消失。

（四）理性判断

这一种追随动机又可以称为"基于计算"的追随（Shamir，2004），即
追随者为了达到个体的某种目的而产生的追随（Collinson，2006）。在这一
追随动机的背后，反映的是追随者对于是否追随进行的收益—代价判断，
且判断的依据主要是追随领导者能否帮助自身实现特定的个人目标或利
益。在组织中，人们追随领导者可以获得更多的资源、支持和工作机会，
从而有助于个人利益的获得，这是追随带来的收益。此外，由于不追随或
者反对领导者可能会有相应的风险，因而对这些风险的规避也可以看作追
随的潜在收益（Kellerman，2008）。与此同时，追随也意味着部分地放弃
自身的行动自主权，并且需要给予领导者足够的支持，甚至在一定程度上
牺牲个人的利益，这些都是追随所要付出的代价。对于那些试图做出理性
判断的组织成员来说，当追随带来的收益超过相应的成本时，他们就更有
可能表现出追随行为。根据这一观点，如果领导者能够做出有利于目标实
现的决策，那么追随者就会通过服从领导者指令的形式来予以回报
（Levine & Moreland，1995）。当然，个体在进行收益代价考量时所参照的
个人目标，既有可能是较为短期的眼前利益，也有可能是较长时间内的长
远目标。当追随者更多地基于长远目标进行追随时，他们所表现出的追随
行为更像是一种对于领导者的长期投资（Rusbult & Van Lange，1996）。

进化心理学对于追随产生的解释与上述观点有相似之处。进化心理学
者采纳博弈论的基本思想来理解追随行为，即当追随者追随一个优秀的领
导者时，得到的资源会比没有追随领导者或者追随一个不好的领导者得到
的资源更多，因而产生了追随行为（Vugt，2006；Vugt，Hogan & Kaiser，

2008）。对于个体来说，追随是一种有利于其生存延续并持续发展的占优策略。

经由理性判断形成的追随动机十分强调追随者对于收益和代价的理性评估过程，这在理解追随现象上有一定的适用空间。当然，我们需要注意到，组织中的个体除了表现出理性行为之外，也会出现非理性的行为，尤其是在考虑情绪因素和价值观因素的背景下。更何况，经济学中的"理性人"假设在理解组织行为时也受到相应的挑战，组织中的个体决策更多情况下是基于有限理性的选择（Simon，1977）。由此看来，基于理性判断的追随动机在一定程度上简化了追随发生的心理过程。

（五）小结

本部分对现有文献中涉及的追随动机进行了简要的回顾和述评。可以看出，上文提及的相似吸引、需要满足、服从权威和理性判断这四类主要的追随动机对于理解追随现象都有一定的解释能力，但同时也都存在各自的局限性。从动机视角来理解领导和追随现象，能够帮助我们从更深层次上理解和把握领导者与追随者之间的互动关系及其规律（Kark & Van Dijk，2007；Weierter，1997）。然而，现有研究并没有就追随动机进行系统的考察和研究，更加缺乏较为坚实的基础性理论和严谨的实证研究。在我们看来，从动机视角来理解追随行为的尝试还需要进一步地回答以下问题：例如，除了这里提及的四类追随动机之外，还有哪些因素会激发和维持组织成员的追随行为？不同的追随动机是否会导致追随行为和效果上的差异？具有不同追随动机的追随者及其相对应的领导者在互动模式上又会有怎样的差异？

四、关系视角下的追随研究

不可否认的是，追随与领导是相伴相生、不可分割的社会现象（Riggio et al.，2008；Uhl-Bien et al.，2014）。在相当长的一段时间内，学者更多的是关注领导者在领导这一社会过程中的角色和作用，对追随者的作用严重忽视（Carsten et al.，2010；Oc & Bashshur，2013）。与之相对的是，那些强调以追随者为中心的领导和追随研究（Meindl，1995）又存在着"矫枉过正"的趋势，即单方面地强调追随者的作用（Shamir，2007）。在此基础上，更多的研究者开始提倡一种整合的研究视角，即将领导与追随理解为领导者与追随者相互作用、互相影响的社会过程，着重从两类参与者之间的互动关系来理解领导与追随现象（Avolio，2007；DeRue & Ashford，2010；Oc & Bashshur，2013）。本节将简要地回顾基于关系视角对追随现象的有关理解和研究。

（一）领导成员交换关系

领导成员交换关系（LMX）研究的早期基础是垂直对子联结理论（Vertical Dyad Linkage）（Dansereau et al.，1975；Graen & Cashman，1975），主要关注的是处于一对一的二元对子关系中的领导者与下属之间的相互影响关系，这也是 LMX 理论发展的初始阶段（Graen & Uhl-Bien，1995）。研究发现，领导者对待下属的方式并不是一致的，而是会把下属区分为"圈内人"和"圈外人"，并采取不同的互动方式（Graen & Uhl-Bien，1991）。在此基础上，LMX 研究扩展到更为一般意义上的领导成员交换关系，认为不同特征的领导者和追随者可以形成质量高低不同的交换关系，并进而对领导者、追随者、工作单元及组织产生相应的影响（Graen & Uhl-Bien，1995）。多项元分析发现，更高质量的领导成员交换关系往往会带来更加积极的结果（Dulebohn et al.，2012；Gerstner & Day，1997）。因此，LMX 理论中的核心命题是有效的领导过程有赖于领导者和追随者双方构建起成熟的相互关系，并从这种关系中获得相应益处（Graen & Uhl-Bien，1991）。

对于追随者来说，与领导者构建起高质量的交换关系会给他们在组织中的发展带来帮助（Yukl，2010）。当他们与领导者建立起高质量的交换关系之后，他们更有可能获得期望的工作安排，在工作中承担更多责任，拥有更多的自主权和参与权，获得更多的资源支持及其他一些显性的利益等。这些优势会激励追随者努力与领导者发展出高质量的交换关系，获得领导者的信任。作为一种互惠的回报，他们会对领导者表现出更高程度的承诺与忠诚，并竭尽全力完成领导者安排的工作。与此同时，LMX 的相关研究也表明，追随者并非完全处于被动地位，即通过迎合领导者而获得自身发展。在一定条件下，追随者也可以影响领导者的决策和行为（Oc & Bashshur, 2013）。一方面，要想赢得追随者的支持，激发他们更高水平的工作努力和参与，领导者也需要主动地去和追随者构建起更高质量的交换关系（Atwater & Carmeli, 2009；Harris, Wheeler & Kacmar, 2011）。另一方面，高交换关系的追随者会基于双方的社会性交换和互相影响，在领导过程中扮演积极的合作者角色，促使领导者作出有利于彼此目标实现的决策（Uhl-Bien, Graen & Scandura, 2000）。而那些感到自己与领导者交换关系质量较低的追随者，则会尝试通过采取一些积极或者消极的手段来改变当前的关系格局（Bolino & Turnley, 2009），这也会相应地影响组织中的领导过程。

LMX 理论及其后续研究的一大特色是开始重视追随者在领导过程中的作用。然而，这一理论在考察领导者—追随者关系上仍然存在以下不足：第一，整体上对于追随者的作用考察有待深化（Howell & Shamir, 2005）。例如，虽然 LMX 理论认为追随者特征和能力等会影响 LMX 关系的本质，但并没有揭示出这种影响是如何实现的。第二，LMX 重点考察的是领导者与单个追随者之间一对一的对子关系，而对于领导者与追随者群体之间的相互影响关系则较少考虑。近年来，虽然有学者开始在团队或群体层面考察 LMX 的形成和影响（Boies & Howell, 2006），但仍然是将群体属性看作多个对子关系的简单组合（Howell & Shamir, 2005）。第三，LMX 理论将领导者与追随者之间的交换关系理论化为一个渐进的过程，并经常始于更为物质化的经济交换关系，直至发展成为包含更高信任水平的社会交换关系（Yukl, 2010）。从管理实践来看，这种循序渐进的过程能够解释一部分领导与追随现象，但仍然有很多领导追随现象中并不存在类似的递进过程。

(二) 魅力型关系

领导者的魅力及其影响是领导研究和实践中不断得到研究和关注的一个话题 (Conger & Kanungo, 1998)。由于魅力型领导者常常拥有一批忠实的追随者，因而对于领导魅力的研究也有助于推动对追随现象的理解。早期的研究更多地聚焦于那些能够产生魅力的领导者特征或者行为，例如，高度自信、高成就动机、强调战略性愿景等 (Galvin, Waldman & Balthazard, 2010; Walter & Bruch, 2009; Zhang, Luo & Lee, 2013)。在此之外，越来越多的研究者强调从关系的视角来理解领导者的魅力，即魅力并非是领导者个人占有，而是由领导者、追随者和特定的情境共同催生的 (Howell & Shamir, 2005; Zhang et al., 2013)，涌现自领导者与追随者之间的相互影响过程 (Weierter, 1997)。

Klein 和 House (1995) 将领导者魅力描述为领导者、追随者与情境三者之间的互动关系，并将领导者展现出特质与行为比作"火花"，将追随者的特征和态度比作"可燃物"，将合适的情境条件比作"氧气"。只有这三者之间有效互动，才会形成领导者与追随者之间的魅力关系。进一步地，Gardner 和 Avolio (1998) 借鉴戏剧理论视角来建构关于魅力型关系的理论。他们将领导者比作重视自身印象管理的演员，追随者则是他们所面对的观众，而组织的情境则是演出进行的舞台。领导者通过在设计、编写脚本、登台亮相和表现等阶段塑造出有关自我概念系统、动机与价值观及愿景的印象，逐步建构起与追随者之间的魅力性关系。在这一过程中，追随者尽管主要是观众角色，但他们绝非仅仅是领导者印象管理的消极接受者。相反，他们主动地作用于与领导者的互动过程之中，并最终构建起领导者的魅力身份。

在此之外，Howell 和 Shamir (2005) 对魅力型关系进行的理论研究进一步地突出了追随者的角色。他们主张魅力存在于领导者与追随者的交互关系中，其中领导者展现出特定的特质与行为，而追随者则对领导者个人、所在团队及领导者倡导的愿景表现出相应的感知、情感与态度反应。Howell 和 Shamir (2005) 尤为强调追随者特征在形成魅力型关系中的作用。他们认为，根据追随者自我概念层次上的差异，可以区分出两类不同的魅力型关系：个人化关系或者是社会化关系。当追随者自我概念中的关系层次得以激活时，他们倾向于与领导者形成个人化的魅力关系，即追随者对领导者个人有较高的认同；当追随者自我概念的集体层次得以激活时，他们则倾向于与领导者构建起社会化的魅力关系，即追随者对群体或者组织有较高的认同。Howell 和 Shamir（2005）的这一理论模型与 Weierter（1997）等的研究一致地揭示出，追随者的特征会影响魅力型关系的本质。

综上所述，在学者对于魅力型关系进行的一系列研究之中，追随者的地位和角色越来越得到重视。在接下来的第三章和第四章中，本书将更为具体地展示魅力型领导研究中对于追随者角色的重新考察。在领导者—追随者互动关系中，追随者不再仅仅扮演被动的接受者角色，而是主动地去影响和建构关系，甚至他们的个人特征会决定关系的本质。对于追随者的重视使学者在研究领导力议题时能够持有更加平衡的视角，避免过度地强调领导者个人的影响和作用（Shamir，2007）。然而，我们也必须看到，当前研究将追随者的影响操作化为追随者个别个人特征（如自我概念）的影响，事实上仍然是从追随者个体的视角来理解领导者—追随者关系，而不是从关系的视角出发（Uhl-Bien，2006）。这种研究路径一方面忽视了其他可能的影响因素（如追随者的价值观、个人目标取向等），另一方面难以深入地探析领导者—追随者关系的本质属性和动力机制。

五、总结

正如 Uhl-Bien 及其合作者（2014）所说，研究者已经广泛认可这一观点：如果不考虑追随者的角色，我们无法完整地理解领导力。尽管关于追随的理论研究起步不久（DeRue & Ashford，2010；Lapierre & Carsten，2014；Uhl-Bien et al.，2014），但我们仍可以在已有的研究中发掘研究者有关追随的理论思考。对于这些散落在各个研究领域中的研究文献，我们梳理出三条研究追随现象的途径——追随行为、追随动机及领导者与追随者之间的关系，并在上文中依次予以回顾。基于我们的文献综述可以看出，追随研究已经取得了一定的事实和理论基础。然而，这些研究成果在加深我们对于追随现象的理解方面仍显单薄。综合看来，现有研究主要存在以下四方面的问题与不足：

第一，现有研究尚没有针对追随问题建立起系统坚实的理论基础。有关追随力研究的几本代表性著作（Chaleff，1995；Kellerman，2008；Kelly，1992）是笔者基于企业、政治、宗教等组织中的追随实践案例进行的归纳性思考，并没有提出有效的理论框架。他们所提出的追随者分类模型同样存在理论依据不足的问题，主要来源于对现实案例的挖掘提炼。其他的一些研究成果则多数是基于领导力研究中的已有模型进行类比，且只关注追随现象中的部分问题，忽略对追随进行系统性研究（Shamir，2007；Uhl-Bien et al.，2014）。这些研究成果在推动追随研究上至关重要，但我们对于追随认识的深化有赖于发展和建构起清晰明确的理论模型，系统地对追随现象进行解释分析。

第二，当前研究对于追随者的关注有待深化。在上文的文献综述中，追随者在领导过程中的地位逐渐受到重视，越来越多的研究将追随者视作领导过程中的积极参与者，而不是被动的接受者（Oc & Bashshur，2013）。然而，已有研究在考察追随者时大多存在具体性不足的问题。例如，追随者究竟如何主动地参与到领导过程中？追随者在哪些条件下、借由哪些过程或机制能够对领导者的决策与行为等产生影响？追随者个人及追随者群体又会分别对领导者和领导过程产生怎样的影响？这些问题都没有能够得到较好的回答。

第三，已有研究对于领导—追随关系中的动力性作用重视不足。根据Burns（1978）的理论思想，领导者与追随者关系的本质是具有不同动机和权力潜能的人们为了追求一个共同的或者至少是共有的目的而进行的互动。有效的领导力之所以能够带来积极的组织结果，也是由于领导—追随关系提升了领导者和追随者的道德与价值水平。由此可见，我们在认识领导—追随关系时，需要充分考虑这种互动关系的动力性作用。然而，在已有研究中，无论是追随者追随的动机因素，还是追随者与领导者之间的关系互动，抑或是追随者群体中的群体动力，都没有得到足够的重视。例如，DeRue 和 Ashford（2010）强调从追随者与领导者两者相互的身份声称与授予切入，研究这种身份的互动如何建构起领导和追随关系。不过，该理论并没有解释在社会互动中某些个体选择声称追随者身份的原因是什么，也没有说明人们的身份选择会不会发生变化及在什么样的条件下会发生变化。正因如此，DeRue 和 Ashford（2010）的理论虽然强调了追随者与领导者之间基于各自身份的互动，但在认识追随关系本质上仍然显得动力性不足。

第四，学者在理论层面探讨居多，较少开展高质量的实证研究。在已有研究中，学者尝试从不同的视角对追随问题进行探讨，但这些探讨多数仍然聚焦在理论层面上。针对追随现象的实证研究目前较为稀少，已有的一些理论观点也尚未得到较好的实证检验（Uhl-Bien et al.，2014；原涛和凌文辁，2010）。

第三章

领导魅力研究

——从"领导者中心"到"追随者中心"

领导问题一直是组织管理中的一个重要而复杂的问题。无论是在西方还是中国，理论界和实践界对于领导现象与领导理论都保持着持续的关注，也产生了丰富的研究成果。在快速变革、日益复杂的组织世界中，领导者之于组织生存和发展的作用越来越受到重视，这也对领导理论的研究和发展提出了新的要求和挑战。在这样一个以多变、高不确定性、复杂性和模糊性为时代基本特征的今天，一直以来与变革和创新紧密联系在一起的魅力型领导（Levay，2010；刘小禹、周爱钦和刘军，2018）逐渐成为领导研究的新宠。20 世纪 70 年代末 80 年代初以来，魅力型领导、变革性领导等所谓"新魅力型领导范式"吸引了大量研究者的注意力，相关的研究成果也层出不穷，成为过去二三十年间领导研究的主流领域（Antonakis et al.，2016；Avolio & Yammarino，2002；Judge & Piccolo，2004）。

在整个魅力型领导研究文献中，强烈地体现着"领导者中心"的色彩。从 20 世纪 70 年代这一概念得到管理学术研究的重视开始，大多数研究的核心关注点都在领导者身上。相应地，学者主要关注的研究问题就是"具有哪些特质和表现出哪些行为的领导者更有魅力"。同时，在考察魅力型领导的效应时，学者关注的问题是"魅力型领导能够对员工产生哪些可能的影响"。领导者无疑是魅力研究的中心，而追随者则只是扮演着接受影响的角色。然而，随着以领导者为中心的魅力型领导研究成果不断积累，学者却发现我们对于"领导魅力"的认识似乎并没有更加清晰和深入（Antonakis et al.，2016；Yukl，1999）。在这一背景下，近些年来学者开始将注意力部分地转移到追随者和员工身上，试图从追随者的角度、从领导者和追随者互动的角度，来整体性地思考领导魅力的本质。

基于上述背景，通过考察对于领导者魅力的不同研究取向的演变，我们可以更好地认识到当前领导与追随研究中正在发生的一种视角转变。在本章中，笔者和导师章凯教授合作完成了一项有关于领导者人格魅力的研究。在梳理相关研究文献的基础上，我们通过定性访谈和量表开发的方式，对领导者人格魅力这一概念做了新的内涵发展。基于对这一概念内涵的重新认识，我们可以更好地理解追随者在认识领导者人格魅力中的独特作用。

一、研究背景

在魅力型领导和变革性领导理论的研究之中，存在一个共同的重要成分，即领导者魅力。魅力最初来源于神学，后来进入政治学领域，又在20世纪70年代末进入组织管理的研究领域之中，引发了大量学者对其进行讨论和研究。关于领导者魅力这一概念，尽管学者有着各式各样的认识和研究路径，但多数学者却比较一致地认可其作为优秀领导者的重要特征之一，对于领导和组织的有效性能够起到积极的作用。如一些元分析发现，有魅力的领导行为与领导有效性（DeGroot，Kiker & Cross，2000；Fuller，Patterson，Hester & Stringer，1996；Lowe，Kroeck & Sivasubramaniam，1996）及下属的有效性、努力程度、工作满意度和组织承诺（DeGroot et al.，2000），以及组织公民行为（Bank et al.，2017；Den Hartog，De Hoogh & Keegan，2007）等都存在正向的影响关系，并会显著地负向影响员工工作衰竭（De Hoogh & Den Hartog，2009）。Yorgers Weiss 和 Strickland（1999）的研究也证明了领导者的魅力与影响力之间存在显著的正向关系。

同时，领导者魅力又是一个相当复杂而有趣的理论构念（Galvin，

Waldman & Balthazard，2010）。对这一构念的研究倾注了大量心血的学者，恰恰在领导者魅力这一基本概念上未能达成一致，并且在概念界定和测量上分歧不小（Antonakis et al.，2016）。如以 Conger 等为代表的学者将魅力看作下属对领导者的行为进行归因的结果；另外一些学者。如 Howell 和 Shamir（2005）则相信魅力其实表征的是领导者和下属之间的一种互动关系。他们认为，在这样的一组关系之中，只有在领导者展现出特定的特征和行为，并且符合下属心中内隐的、有魅力的领导者的原型时，下属才会将这样的领导者归因为富有魅力的（Howell & Shamir，2005）。Antonakis 等（2016）则将魅力型领导定义为"一种基于价值观的、象征性的、加载情绪的领导者信号"，这一界定与领导者的个性特征无关，也与情境特征和下属因素无直接关联。可以说，在纷繁的研究之中，学者对于领导者魅力究竟是什么、领导者魅力的来源（Conger，1999；Yukl，1999）这两类基本问题还缺乏充分的认识和清晰的回答。

同时，在中国社会的现实生活中，包括人们的日常生活、组织内的生活和政治领域内的活动中，魅力是一个常见的词汇。人格魅力作为与之密切相关的一个词语，在日常生活中也被广泛使用。与领导者联系在一起的领导者人格魅力，在组织生活中也经常被用来描绘领导者。然而，在现有的组织研究和领导研究中，我们还没有发现关于领导者人格魅力的相关研究。值得注意的是，中文词汇在中国高情境文化的影响之下，往往会传递出一些超越词汇表面含义的深层次内涵（如面子、关系、人情等），这使"人格魅力"这一概念变得更加模糊和不清晰。目前，领导者的魅力、人格魅力等相关概念尚处在一个缺乏科学认识、由认知主体凭借文化和经验理解的状态，这是开展本研究的一个现实前提。

二、领导魅力研究述评

（一）领导者魅力

"魅力"一词，在中西方语境下都有着浓厚的历史缘起。在西方，"魅力"（charisma）一词最早来源于古希腊词，有天赋（gift）之义（Conger & Kanungo, 1987）。之后，这一词汇为早期的基督教会所采用，象征神授的天赋或能力，使个体能够开创杰出的功勋，比如能够治愈或者预见。而在中国语境下，古代汉语中"魅"字原义指的是怪物、精怪等①，"魅力"一词在现代汉语中则表示某种很能吸引人的力量②。

魅力进入到学术研究的范畴之中，要归功于德国社会学家马克斯·韦伯（Max Weber, 1947）的先驱性工作。他在研究社会变革的过程中，将神学中的魅力概念引入到社会学之中，将魅力界定为社会生活中的三种权威之一——魅力型权威（另外两种权威分别是法理型权威和传统型权威）。魅力型权威的合法性不是来自规则、职位或者传统，而是来自对于某一个体（通常是领导者）具体而杰出的神圣性、英雄主义或是典范角色，或者是对他发现或颁布的规范模式的一种献身（Eisenstadt, 1968）。魅力在本质上说，是韦伯用来描述社会中变革与创新力量的涵盖性术语。

尽管 Weber（1947）和 Downton（1973）等在社会学和政治学领域之中，对魅力进行了相关的研究，但魅力进入到管理学和心理学的研究领域之中，主要是基于 House（1977）的开创性研究，以及后续如 Conger 和 Kanungo（1987）与 Shamir、House 和 Arthur（1993）等的研究成果，且这些研究成果大多聚焦在魅力型领导这一议题之上。House（1977）及其与合作者的研究（House & Batez, 1979）总结了魅力型领导的三项特征，分别是极强的自信心、统治力和对于自身信念正确性的深信不疑。在他们后续的一项针对美国总统的实证研究中（House, Spangler & Woycke, 1991），他们对魅力的含义进行了进一步的总结，认为魅力指的是领导者的一种能力，拥有魅力的领导者能够通过自身的行为、信念和个人示范效用，对他人的信念、价值观、行为和绩效产生弥漫性和强烈的影响。

Conger 和 Kanungo（1987）指出，Weber（1947）对于魅力的概念化

---

① ［东汉］许慎著，汤可敬撰（1997）. 说文解字今释. 长沙：岳麓书社.
② 中国社会科学院语言研究所词典编辑室（2008）. 现代汉语词典（第五版）. 北京：商务印书馆.

缺乏具体性。在后续的研究中，Conger 和 Kanungo（1987，1988）认为，魅力是一种归因的现象，即魅力是下属在组织情境中对于领导者特定行为观察的归因。基于此，他们认为研究魅力现象和魅力型领导的关键在于发现和认清领导者表现出来的、可以被下属归因为有魅力的领导行为。通过比较有魅力的领导者和缺乏魅力的领导者在处理现状、未来目标、专业性、环境敏感性、权力基础和领导者—下属关系等多个方面上行为表现的差异，他们发现了诸如未来愿景、个人权力使用和环境敏感性等数个行为要素。在上述这些基础性工作的铺垫之下，Conger 和 Kanungo（1992，1994；Conger et al.，1997）进一步研究了魅力型领导的行为归因，并且开发和验证了一套用于测量魅力型领导的工具——C-K 魅力型领导量表。在该量表中，魅力型领导被看作一个包含五个子维度的概念，这五个行为维度分别是战略性愿景及表述、对于外部环境的敏感性、对于员工需求和情感的敏感性、个人冒险及非常规行为。

Shamir、House 和 Arthur（1993）结合社会认知理论（Bandura，1986）、认同理论（Stryker，1980）和社会认同理论（Ashforth & Mael，1989；Tajfel & Turner，1985），构建了一套基于自我概念的理论，试图来解释魅力型领导行为对下属所产生的效应这一动力性过程。该研究认为，魅力型领导的一些特定行为，通过影响员工的自我概念（包括自尊、自信、自我效能、对领导的认同、社会认同、价值内化等），进而对员工产生进一步的积极效应（如对组织和领导者的认同、自我牺牲行为、组织公民行为等）。此外，Shamir 等还将下属的属性和组织情境的条件作为影响这一动力性过程的调节因素加以考虑。Shamir 与合作者（1993）的研究帮助我们明晰了领导者魅力对于下属具有动力性作用这一基本事实，也开创了魅力型领导理论研究中机制研究之先河。

以上是在组织管理领域内，学者对于魅力和魅力型领导的一些经典研究。在接下来的综述中，我们会发现，即便关于魅力型领导和领导者魅力的研究经历了三十多年的快速发展，但近些年的相关研究（无论是理论探讨还是实证检验）大多根植于上述经典研究。House 和 Aditya（1997）曾经对 20 世纪 80 年代以来就魅力现象进行的有影响力的研究进行了总结，并认为它们可以被视作新魅力型领导范式（Neo-charismatic Leadership Paradigm, NLP）。这一新范式包括上述提及的 House（1977）的魅力型领导理论及其扩展的理论（House & Howell, 1992; House & Shamir, 1993），Conger 和 Kanungo（1987）提出的行为归因理论及相关后续研究，Shamir 等（1993）的自我概念理论；还包括变革型领导理论（Bass, 1985; Burns, 1978），愿景型领导理论（Nauns, 1985, 1992; Sashkin, 1988）及其相应的延伸。然而，学者在如何处理变革型领导、愿景型领导与魅力型领导之间的关系上有很大的不一致性。在这里需要说明的是，本章研究的重点不在于魅力型领导或是其他领导风格，而是聚焦于领导者魅力。我们所说的领导者魅力，不仅外显地包含了与其密切相关的魅力型领导者所表现出的魅力，也内在地涵盖了诸如变革型领导、愿景型领导等其他领导方式中可能包含的魅力成分。Bono 和 Ilies（2006）在他们的研究中同样认为"魅力"一词包含魅力型领导、变革性领导等领导类型中的魅力成分；同时，Bass 及其合作者发展的变革型领导理论也将领导者魅力作为变革性领导的一个组成维度（Avolio, Bass & Jung, 1999; Bass, 1985），这些研究印证了我们对于领导者魅力概念范围的界定。

House（1999）进一步总结道：组织行为学者在研究魅力现象时，更具有心理学导向，他们对于魅力有如下一些不同的定义：①魅力是个体与其他人之间（领导者与下属）基于高度共享的、思想的而非物质的价值观形成的一种关系。如 Howell 和 Shamir（2005）就认为，魅力存在于特定的领导者—下属关系之中，在这样一种关系中，领导者展现出特定的特征和行为，而下属对于领导者、领导者所带领的群体和领导者所提出的愿景则会产生一种特定的感知、情绪和态度。②魅力是指一些借由下属的努力可以完成非比寻常的功勋的个体（特定的领导者）。下属对于这样的领导者有特别的忠诚和高度的信任，并且愿意为了领导者的愿景和领导者所代表的集体而做出个人牺牲。这类对于魅力的定义实际是强调了领导者—下属关系的结果。③魅力是指个体（领导者）的一系列个人特质和行为的复杂组合，这种组合导致上述结果。

此外，Boal 和 Bryson（1988）在他们的研究中将领导者的魅力区分为愿景引发的魅力与危机引发的魅力两种。前者是由于领导者特殊的天赋和描绘理想化未来的能力，通过唤醒和感召其下属而产生；后者则是由于特殊的危机情境催生的结果。Hunt、Boal 和 Dodge（1999）的实验研究支持了这种分类，并发现虽然两种魅力都会对组织产生特定的影响，但在不存在危机的情境下，相比愿景引发的魅力来说，危机引发式的魅力带来的效应会更快地衰退。这两项研究给我们的基本启发是，领导者魅力是一个复杂而非唯一的概念，有可能包含不同的种类，也有可能本身存在某种多维的结构，从而会出现不同的侧面。

对于魅力的关注和研究不仅仅局限于组织管理学者之中，社会学家站在"局外人"的角度，也对魅力现象进行了一定的探讨。Beyer（1999）主张使用魅力而非魅力型领导，并认为社会学家是将魅力看作一种社会结构。这种社会结构是通过不同的因素之间复杂的交互涌现而来，并且这些因素不能够被独立地分割成前因变量、调节变量和结果变量。进一步地，她还援引了 Scott（1981）对于魅力的定义："魅力是一种规范性社会结构的不寻常形式，这种社会结构常常在危机时刻涌现出来。在那时，人们期望那些被感知为在精神和思想上拥有超常天赋的魅力型领导者，通过极端的重组带领他们走出危机。"Beyer（1999）的核心发现是"新魅力型领导理论范式"（NLP）实际上已经背离和抛弃了 Weber 对于魅力初始界定中的一些要素，诸如危机情境和激进的愿景，因而其实是修正过的魅力型领导。因此，她主张回归 Weber 对于魅力的界定。类似的观点也出现在 Trice 和 Beyer（1986）的研究之中。他们将 Weber（1947）魅力型权威理论的要点概述为包括杰出天赋的个体、危机情境、激进的解决措施、追随者和持续的成功对于杰出天赋的验证五个要件，并认为只有当这些要素相互交互作用，且达到一定的程度之后才能够催生出魅力。

由于观察视角和理论起点的不一致，社会学家和组织行为学家对于领导者魅力的理解和界定有着很强的不一致性。House（1999）就直接地提出了社会学的魅力和组织学的魅力这样一种区分。不仅如此，即便是在本章针对的组织领域内，学者同样很难在一些有关领导者魅力的基础性问题上有清晰的认识，或者是达成比较一致的意见。这些问题包括但不限于如下问题：领导者魅力究竟是什么？员工如何感受到领导者的魅力？领导者魅力对于下属的作用是如何实现的？领导者的魅力是一种稀有现象还是可以一般化的？领导者的魅力来源于何处？魅力型领导与领导者魅力如何加以有效地区分？等等。

在这些未曾解决的问题之中，领导者魅力概念的模糊性是一个一直备受诟病的基础性问题（Antonakis et al., 2016；Yukl, 1999）。Yukl（1999）就已经指出，领导者魅力看起来是一个弱概念，这种概念上的薄弱显著地降低了领导者魅力解释有效领导力的能力。Beyer（1999）也提出，要对领导者魅力进行理论化，一个关键的问题在于要认清究竟魅力属于某一个体、某种关系还是某种特定的情境。然而即便如此，在此之后的十余年之内，这一基础性的概念问题依然没有引起学者足够的重视。大量对于领导者魅力和魅力型领导的研究，都将精力倾注在研究领导者魅力或魅力型领导带来的结果（Agle, Nagarajan, Sonnenfeld & Srinivasan, 2006；Conger & Kanungo, 2000；Fanelli & Misangyi, 2006；Rowold & Laukamp, 2008；Tosi, Misangyi, Fanelli, Waldman & Yammarino, 2004）或者实现这些结果的中间机制上（Bono & Ilies, 2006；Brown & Treviño, 2006；De Hoogh & Den Hartog, 2009），而鲜有学者进一步讨论魅力的理论含义与来源。直到近几年来，学者对于魅力型领导概念和测量上存在的问题依旧在进行一些重要的批评（Antonakis et al., 2016；van Knippenberg & Sitkin, 2013）。我们不否认上述这些丰富的研究成果对于魅力现象和理论的发展所起到的积极促进作用，也承认在这些现有的研究之中零星地散落着有关领导者魅力的一些局部化的讨论。但同时我们也要清晰地认识到，当前亟须一次对于领导者魅力的系统的讨论和探索，这将是认识魅力现象和发展魅力理论的过程中具有基础性与关键性作用的一步。

（二）领导者魅力：个性特征

西方的领导研究逻辑认为，领导活动嵌入在"领导者、追随者和领导情境"三者间的复杂互动过程之中（Broome & Hughes，2004）。然而，整个 20 世纪的领导研究大多是以领导者为中心的，在 20 世纪最后二三十年间进入组织管理学者研究视野的魅力现象，同样沿袭了这一不完整性（Howell & Shamir，2005）。在关于领导者魅力的研究之中，下属的角色（Howell & Shamir，2005）和情境的作用（Shamir et al.，1993）虽然也在不同程度上被学者提及，但研究的主流依然定位于领导者因素，突出地体现在领导者的个性特征和领导者表现出来的行为之上。本节和接下来的一节将分别从这两个方面对有关领导者魅力的研究进行扼要的综述。

尽管 Willner（1984）曾经指出"关于魅力现象最普遍的误解在于将魅力看作加载于个人的某种特质或者某些特质的组合之上"，但领导者魅力与领导者特定的人格特质之间关系的研究却有着悠久的研究基础。在魅力理论发展的最早期，Weber（1922，1968）便认为魅力型的领导者不同于常人，而且需要被下属"认为是超常的，并且被看作拥有超自然的、超人类的或者至少是一些杰出的权力或特征"，而魅力"指的是个体一种超常的特征"。

当魅力型领导逐渐成为学者，尤其是领导理论研究者所热衷的研究对象时，House 和 Howell（1992）对于领导者魅力与领导者人格之间的关系进行了较为系统的回顾，他们认为可以通过一些个性的特质来区分有魅力的领导者与缺乏魅力的领导者。这些人格特征主要包括自信心、魄力、创造力与创新等。接下来，本章将从个性特征、能力、态度与价值观，以及情绪情感等几个主要方面回顾有关领导者魅力与领导者人格特质的研究。

（1）个性特征。Walter 和 Bruch（2009）对魅力型领导的前因变量研究进行了回顾，发现领导者的个性特征是受到最多研究的魅力型领导行为的前因。魅力型的领导者被认为具有以下一些人格特征，如成就导向、冒险倾向、自信、采取非掠夺式的影响方式、对自己有信心同时信任下属，以及社会敏感性等（参见 Avolio & Gibbons，1988；Bass，1985；Kuhnert &

Lewis，1987；Zaccaro & Banks，2001）。Crant 和 Bateman（1993，2000）在不同样本中进行的多项研究发现，领导者的积极主动性与魅力型的领导行为正相关。此外，学者研究和关注的其他领导者人格特质，还包括领导者的权力需要（House et al.，1991；De Hoogh，Den Hartog，Koopman，Thierry，et al.，2005）、领导者的马基雅维利主义（Deluga，2001）、自恋性人格（Deluga，1997；Galvin，Waldman & Balthazard，2010）等。在不同情境下开展的实地研究还发现，魅力型的领导行为与领导者的内在控制点（Howell & Avolio，1993）、风险承担偏好（Howell & Higgins，1990）、积极情感（Rubin，Munz & Bommer，2005）、乐观主义、希望、韧性（Peterson，Walumbwa，Byron & Myrowitz，2009）、热情（Hetland & Sandal，2003），以及自信、实用主义、女性特质、慈爱性（Ross & Offermann，1997）等之间存在积极的关系。

不难发现，包括以上研究在内的关于领导者人格特征的研究，虽然内容丰富，但关注点大多比较零散，缺乏系统性的分析框架。这一现象在大五人格模型提出和广泛应用之后有所改善（Judge & Bono，2000；De Hoogh，Den Hartog，Koopman，2005）。如 De Hoogh 等（2005）的研究就发现大五人格中的随和性、尽责性和神经质倾向会在特定的情境条件下影响下属对于领导者魅力的感知。Bono 和 Judge（2004）开展的一项元分析研究发现，大五人格特征大约解释了魅力型领导行为 12% 的方差变异，其中外倾性、随和性、经验的开放性与魅力型领导行为有微弱显著的正向关联，神经质倾向与魅力型领导行为有着中等显著的负向关联，而尽责性则与魅力型领导行为有着不显著的相关关系。Banks 等（2017）最近进行的一项元分析研究也进一步表明，领导者大五人格特征中的随和性要比外倾性更加与魅力相关，而这可能是因为随和的领导者更加强调寻求团队内部的和谐相处而非冲突，从而更可能被团队成员所认可。

（2）能力。关于与领导者魅力相关的能力问题，已有的一些研究主要关注一般性的认知能力和专门性的领导者技能。Hoffman 和 Frost（2006）在 MBA 学生的经理人员样本中进行研究，发现对他们认知能力的评估与魅力型领导呈正相关。Groves（2005）对领导者技能中的社会技能和情绪技能与领导者魅力的关系进行了研究，发现这两种领导者技能可以在特定的情境条件下涌现出领导者魅力。其中，领导者的社会技能与社会智能（Zaccaro，2002）的概念紧密相关，它包含了多种社会互动中的胜任力，譬如，识别和感知社会信号及调整自身行为反应的技能。Groves在研究中重点考察的是社会控制技能（Riggio，1989），其含义为个体的一种社会自我呈现的技能，借由这一技能，可以使个体能够调整自身的行为以适应特定情境下的要求。领导者的情绪技能则主要包括了情绪化表达的技能和情绪控制技能。前者指个体通过面部表情、音调、手势、身体动作等非语言的方式来表达情绪（Riggio，1992），后者则指代个体控制和调整自己非语言的、情绪化的表现的能力（Riggio，1989）。

（3）态度与价值观。一些学者的研究探讨了领导者工作态度对魅力形成的影响。例如，研究发现，积极的工作态度，如组织承诺（Seo，Jin & Shapiro，2008）和感知到的心理授权（Spreitzer，de Janasz & Quinn，1999）会正向地影响领导者的魅力型领导行为。此外，个人的价值观作为个体的一套关于结果状态和行为的概念和信念体系，超越了具体的情境，并可以指导行为和事件的选择与评估，且通常按照相对的重要性排序（Schwartz，1992），同样受到领导研究者的关注。如Sosik（2005）的研究，即通过来自五个组织的不同样本，检验了领导者价值系统的不同侧面（例如，领导者的传统性价值观、集体主义价值观、自我超越和自我强化的价值观）与魅力型领导行为之间的积极关系。

（4）情绪情感。近年来，随着管理研究者对于员工情绪情感态度的转变和正视，在领导者魅力的研究领域中开始出现了对于魅力和情绪情感之间关系的探讨。一方面，魅力型的领导更加倾向于表现出积极的情感。如Bono 和 Ilies（2006）及 Erez、Misangyi、Johnson、LePing 和 Halverson（2008）的研究都发现领导者魅力与积极的情感之间存在正向关系，并且领导者与员工之间存在情绪传染的过程，即领导者可以将积极的情绪力量传递给追随者。另一方面，研究者试图验证那些经常表现出积极情感的领导者是否更可能成为富有魅力的领导者。如 Walter 和 Bruch（2007）对一家公司中 34 个团队进行的调查研究发现，领导者自我报告的积极情绪，与他们表现出来的魅力型领导行为正向相关。另一项有关的研究则验证了领导者情绪化表现和下属魅力归因之间的关联，发现那些经常表现出积极情感的领导者，更容易被下属感知为富有魅力的领导者（Damen，van Knippenberg & van Knippenberg，2008）。

（三）领导者魅力：行为表现

研究魅力型领导者在领导行为上的具体表现，在有关领导者魅力的研究中同样占据了重要的地位。这与 Conger 和 Kanungo（1987）及他们的后续研究中强调的"魅力是下属对于领导者行为的归因"这一理念有紧密的联系。我们看到，尽管学者基于不同的视角，对于魅力的理解有一定的差异，但大多数组织管理领域内的研究者都接受和认可了"魅力是一种感知和归因"这一理念。这种认识前提下的相对一致性，催生了不少关于魅力型领导者行为表现的探讨。

House（1977）在提出和建立魅力型领导理论之初，就特别强调了魅力型领导者的印象管理行为。通过印象管理，领导者可以在下属心目中构建出胜任的形象，可以树立起行为示范，还可以对下属的绩效表现提出较高的期望。Shamir 等（1993）也在他们的研究中对有关领导者魅力的行为研究进行了总结。他们发现，之前魅力型领导理论强调象征性领导行为、愿景式和感召性的信息及传递、非言语的沟通、智力的激发、对自己和下属有信心、对下属做出自我牺牲和对下属提出超越其职责的绩效的期望等。此外，在 Bass 及其合作者构建的变革型领导理论中，有两个子维度可以用来测量变革型领导中的魅力成分，分别是愿景激励和理想化的影响力。这两个子维度所体现的同样是特定的领导者行为（Bass & Avolio，1997）。

Conger 和 Kanungo 以及他们的合作者开创了系统地研究魅力型领导者行为表现的先河。他们先是对比有魅力的领导者和缺乏魅力的领导者在若干种行为表现上的差异，之后又在此基础上，结合领导行为的基本过程，构建起一套以行为归因为基础的领导者魅力模型。在这一模型中（Conger et al.，1997），他们识别出的领导者行为表现主要体现在以下五个方面：一是战略性愿景与表述。即领导者制定一些理想化的目标，领导者希冀组织在将来能够实现，并且这种愿景是以一种鼓舞人心的方式传递给员工的。二是环境敏感性。指领导者对于物理的与社会的环境保持敏感性。三是下属需求敏感性。即领导者保持对于员工能力和情感需求的敏感性。四是个人冒险。指领导者愿意为了组织的利益而做出个人的牺牲和冒险。五是反传统的行为。指有魅力的领导者通常在组织中，尤其是在面临危机时，担当改革者的角色，其行为方式常常是打破常规的。经过数个实证研究的检验（Conger et al.，1997，2000），上述魅力型领导五因素的行为模型具有较好的合理性和测量效度，也为相关研究中对领导者魅力的量化评价提供了一个重要的工具。不过，要注意到，Conger 和 Kanungo 的五因素模型在某种程度上并未完全区分领导行为与领导者特征。比如，对于环境的敏感性和对于员工需求的敏感性，同样体现在一些学者关于领导者特征的研究之中。

在学者研究的与领导者魅力有关的具体领导者行为中，愿景与沟通的要素尤为重要。愿景对于领导者魅力的作用，在 House、Conger 和 Kanungo，以及 Bass 等早期魅力研究学者们的论述中都得到了比较多的重视。具体来说，由于领导者魅力的归因过程，领导者提出怎样的愿景及如何向下属传递和表达既定的愿景，都会直接影响到下属对于领导者魅力的感知与归因。一方面，愿景的内容会影响到员工对于魅力的感知。多数的魅力型领导理论都强调了描绘一个吸引人心的愿景和为下属提供一个未来的美好图景的重要性，Beyer（1999）甚至强调领导者应当提倡更为激进的愿景。Shamir、Arthur 和 House（1994）是最早开始专门关注魅力型领导者愿景内容的学者之一。在此基础上，Den Hartog 和 Verburg（1997）进一步解释了愿景内容、形式、沟通风格和传递等与领导者魅力之间的关联。Awamleh 和 Gardner（1999）的研究考察了愿景的内容、传递与组织绩效对员工感知到的领导者魅力的影响，发现三者对于员工感知到的魅力都有显著的预测效应。类似地，Galvin 等（2010）也发现愿景沟通的一些属性（如社会取向的愿景与愿景的大胆性）不仅与对领导者魅力的归因存在直接的正向关系，还中介了自恋主义与魅力型领导归因之间的间接关系。

另一方面，多项研究验证了愿景的表达方式在激发员工感知到领导者魅力过程中的角色。如 Howell 和 Frost（1989）、Holladay 和 Coombs（1994），以及 Awamleh 和 Gardner（1999）的研究都发现，强有力的表达方式（表现为非语言的、情绪化的沟通）是感知到的魅力的一个关键性的影响因素。类似地，Gardner 和 Avolio（1998）采用戏剧式的互动视角，即将魅力关系中的领导者与下属分别视作戏剧舞台上的演员和观众，研究认为魅力型的领导者采取身体语言和手势、讲话的速率、微笑、眼神接触和触碰等方式，来构建起一个强有力的、充满自信的领导者形象，而这些非语言的表现通常都会激发下属做出预期的表现。Naidoo 和 Lord（2008）的研究则发现，领导人的演讲更加富有形象化时，下属对领导者魅力的感知水平就会更高。

除了愿景与沟通之外，还有一些相对比较零星的领导者行为也得到了学者相应的关注和研究。如 Atwater、Camobreco、Dionne、Avolio 和 Lau（1997）研究发现，领导者奖励下属的行为（持续性的奖励而非偶然性的奖励）与下属感知到的领导者魅力存在积极关系；领导者持续或者偶然惩罚下属的行为，则会对下属的领导者魅力感知产生一定的负面影响。Yorges、Weiss 和 Strickland（1999）研究了领导者的结果（Leader Outcomes），即领导者是在领导过程中做出自我牺牲还是从中获利，对领导者影响力及下属感知到的魅力的影响。研究发现，当领导者做出自我牺牲时，下属能够感知到更高水平的领导者魅力；而一旦领导者从领导活动中自我获利的话，下属感知到的魅力水平就会降低。

（四）领导者人格魅力

尽管在上两节中，我们分别从领导者个性特征和行为表现两个方面回顾了领导者魅力的相关研究，但不难发现，两者实际上很难截然分开。例如，在 Conger 等的行为模型中出现的"对于环境及下属的敏感性"，在有些学者看来则是一种领导者的个性特征。又如愿景表达，既是领导者的某种特定能力，也是其表现出的行为。据此，我们认为，个性特征与行为表现两者是不能够简单地进行切分和分割的。两者统一于领导者个体之中，相互依存、相互强化，不能够脱离对方而存在。如图 3-1 所示，领导者的个性特征相对来说更为内隐，不易于被外界（如下属）观察，而领导者的具体行为表现相对说来则较为外显，容易被下属认识和观察到；此外，领导者的个性特征是其行为表现的内在性因素：具备了特定个性特征的领导者往往才会表现出相应的领导行为。同时，领导者的个性特征也需要借助行为表现来实现外化；而领导行为表现也会强化或者塑造领导者的个性特征：当同样或者类似的行为被多次重复地由领导者表现出来时，会反过来影响、塑造或者强化领导者内心的个性特征。

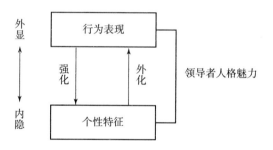

图 3-1　领导者个性特征与行为表现的关系

基于上述分析，我们主张，在分析和研究领导者魅力的过程之中，既不能在个性特征和行为表现这两个侧面中进行非此即彼的选择，也不应采取独立研究、互不相连的研究策略，而是要采取一种整体性的视角。因此，我们在此提出领导者人格魅力的概念，认为领导者人格魅力综合地包含了领导者魅力中个性特征和行为表现两个方面及其他可能的内容。领导者人格魅力体现在具有魅力的领导者身上，在领导过程中能够被下属认识和感知到。

（五）文献回顾小结

在回顾文献的过程中，我们发现现有的领导者魅力研究存在以下几个方面的不足与缺憾：

第一，概念上的不一致性。这一点主要体现在以下两个方面：一是学者对于魅力和领导者魅力的概念缺乏统一的认识。在第一节中，我们回顾了不少学者对于魅力的界定和认识。不难发现，不仅仅是组织管理领域内的学者和社会学、政治学领域内的学者因为所属领域的视角差异而存在概念上的不一致，即便是都定位于组织情境中的学者，也未能就魅力的概念达成一致。二是无法有效地区分相关概念，如魅力型领导、领导者魅力、感知到的魅力等。在现有的研究中，大多数的研究将魅力型领导等同于下属感知到的领导者魅力，并没有进行有针对性的区分。其中的一个例外是Conger 和 Kanungo（1988）提出的一个简单的魅力型领导三阶段模型。第一阶段，领导者通过评价企业的资源和限制对未来组织目标的影响来评估现有的形势。同时，领导者也会评价下属目前的需求水平及满意度水平。接下来，进入到第二阶段：形成和灌输适当的组织目标。最后是第三阶段，管理者构建起员工对于领导者及组织目标的信任，并且描绘这些目标如何达成。在以上每一个阶段，魅力型领导者都会在下属心目中产生不同的行为归因。根据这一模型，魅力型领导是一个包含了不同类型领导活动的过程，而领导者魅力则是下属在整个过程中对于领导者行为表现的一种归因。

第二，模型上的简单化。现有的对领导者魅力的研究，聚焦点主要在于探讨富有魅力的领导方式如何对组织和下属产生影响，开展的一些机制研究总体上来说还较为简单，尤其体现在对于魅力型领导者或者领导者魅力的生发机制缺乏必要的探索。魅力如何形成这一"黑箱"依然存在。我们相信，这一"黑箱"一旦能够打开，"魅力如何形成"的问题能够得到较好的解释，在理论发展和实践意义上都会产生较大的突破。

上述两个问题，实际上是同源而生。第一个问题是引致第二个问题出现的重要原因；要解决第二个问题，则必须首先认清魅力的基本概念。我们认为，出现这种概念不一致性和相关概念难以区分的主要原因在于，学者缺乏对于魅力现象本身的深度挖掘。只有回归到现象本身，从解释现象的角度出发，寻求合适的理论解释，才能够较好地解决以上问题。本章正是在这一思想指导下的一小步尝试。

第三，文化上的专属性。文化因素毋庸置疑会影响领导关系与现象中的基本过程（Markus & Kitayama，1991）。House（1995）和 Yukl（1998）都提到，自 20 世纪 50 年代以来，领导研究的主体，无论是理论发展还是实证研究，都在北美和西欧这些国家展开。而正如 Hofstede（2003）的研究及众多学者所发现的那样，中国社会中所体现的东方文化与以上地域的文化有显著的差异。这必然会使西方领导研究的结论在移植到中国情境下时，要格外地谨慎对待。领导者魅力现象作为过去三四十年间领导研究的一条重要支流，同样存在上述问题。例如，Bligh 和 Robinson（2010）就认为，魅力型领导的许多特征（比如强调集体、价值意识、强调群体认同等），可能会在不同的文化情境下有所变化。在领导者魅力现象的研究中，已经有学者开始尝试在不同的文化情境下研究魅力现象，并得出了一些有益的结论。例如，Ensari 和 Murphy（2003）研究发现，处于不同文化情境下的员工（代表个人主义的美国和代表集体主义的土耳其），对领导者魅力的感知是基于不同的过程实现的；Javidan 和 Carl（2004）在伊朗和加拿大开展的对比研究发现，两国的魅力型领导者在诸如愿景呈现、智力激发、自我牺牲等方面有一些显著的差异；而 Bligh 和 Robinson（2010）以印度圣雄甘地等作为案例，研究发现破旧立新和价值判断等在不同的文化下对魅力型领导者的形成都比较重要；等等。

在中国情境下，相对来说，对领导者魅力的研究起步较晚，成果也较少。已有的国内研究之中，大致可以分为两部分：第一部分主要聚焦于实证检验魅力型领导方式对于下属或组织相关产出的影响及其机制上。如吴维库、刘军和黄前进（2008）研究了企业高层领导者的魅力型领导行为对下属工作态度的影响；董临萍、吴冰和黄维德（2008）则验证了魅力型领导风格与群体绩效之间的关系等。第二部分主要着眼于探究中国背景下魅力型领导的结构维度，并积累了一些值得重视的研究成果。冯江平和罗国忠（2009）通过开放式调查研究，发现魅力型领导由五个主要的结构因子构成，主要包括亲和力、创新精神、愿景规划、关心员工和业务能力；包玲玲和王韬（2009）则将魅力型领导划分为人格魅力、能力魅力和关系魅力三个维度；董临萍（2007）研究发现，中国文化背景下的魅力型领导风格包含愿景激励、关注环境、关心下属、敢冒个人风险、超常行为和良好的道德品质六个维度，其中良好的道德品质这一维度是中国文化情境下的特有维度；等等。不难发现，本土学者已经开始认识到在中国本土情境下研究魅力现象的必要性，并进行了一定的理论和实证探索。然而现有的研究都仅仅聚焦在魅力型领导之上，忽视和回避了领导者魅力本身这一概念。为此，通过前文的文献回顾，本章将聚焦地探讨中国文化背景下领导者人格魅力的内涵。

三、领导者人格魅力的定性研究及问卷编制

（一）研究方法

什么样的领导者具有人格魅力？领导者的人格魅力是一个单维的构念，还是具有若干个子维度的多维构念？针对这些问题，本节的研究目的是，通过开放式调查的定性研究，得出一些可以用于测量"领导者人格魅力"这一理论构念的项目指标，并开发一个初步的测量问卷，为下一步的结构探索提供研究工具。根据 Hinkin（1998）关于开发量表的建议，当一个构念的概念基础不足以推导出构念的维度，并据此产生各维度下的测量项目时，适合采取归纳法产生测量题项。归纳法的一般做法为：第一步，由一组被试对给定问题做出各种描述；第二步，提取关键词，运用内容分析法对答案进行分类，其中需要多名专业人员的共同参与；第三步，选取测量题项，准备进行接下来的因子分析。此外，归纳法对于跨文化的研究也尤其适用（Van de Vijver & Leung, 1997）。

领导者人格魅力是一个全新的理论概念，之前并没有得到较好的重视和研究。与其相关的概念主要包括领导者魅力、魅力型领导等。现有的研究

中，虽有用于测量魅力或者魅力型领导的较成熟量表，但大多数并不能较好地指向领导者人格魅力。因此，我们认为，在借鉴已有研究的基础上，采用自下而上的归纳式方法，更适合我们认清领导者人格魅力的真实内涵。

由于本节的主要功能在于为下一步的定量研究提供初步的测量工作，而非主要依赖定性分析来获取领导者人格魅力的内容维度，因此我们对归纳研究的一般步骤进行了相应的简化，以适应我们的调查情境，并更好地服务于研究目标。

（二）开放式调查

本节的开放式调查主要是在中国人民大学商学院企业管理专业学位课程班和 MBA 学员中进行。接受调查的被试都是参与《组织行为学》课程学习的在职员工。累计共有 350 余名学员参与本调查，他们分布在北京、上海、青岛等地。

我们在各地开展的开放式调查基本遵循如下程序：首先，研究者向被调查者呈现我们关心的问题"什么样的领导者有人格魅力？"然后，学生自由进行分组，每组 5~8 人，并进行约十分钟的自由讨论，各小组自主选定一人负责记录；之后，每组派一名代表现场报告讨论结果，由任课教授在黑板上记录不重复的条目，并对语义相近的项目进行文字修饰和整合，删除多数学生不认同的项目。之后，研究者根据现有研究中的一些成果，适度地提示和增加一些相关的条目，并就此征求学员意见，保留多数学员认可的条目。由于调查任务是教学内容的一部分，学生参与度很高。同时，本调查的主要目的是形成一个初步的调查条目库，并在课堂上现场进行，我们对各条目出现的频次未予统计。

（三）调查结果与问卷编制

在整合不同课堂开放式调查结果的基础之上，笔者和一位领导研究专家共同对条目的表达进行完善。首先，将一些与研究问题关联程度较低和语义笼统或模糊的项目予以删除，如"能证明自己的能力、经验和对工作的投入""有领导能力"等；其次，对一些表述不够具体的项目，在保留其原始含义的基础上，进行适度的修改或调整，如将原始题项"给下属机会"修改为"为下属创造成长和发展的机会"等；此外，对语义有重合的题项进行合并删减。

为了更有效地筛选合适的题项，在正式问卷调查之前，我们先在一个小样本中（该样本由 MBA 在校学生组成，样本量为81）进行了预调查，要求被试采用五点式李克特量表（1 表示"非常不重要"，5 表示"非常重要"）来评估各题项对领导者人格魅力形成的重要性。我们删除了少数均值较小且标准差较大的题项，从而在此基础上形成了包含40个题项的初步的调查问卷。题项列表及在预试样本中的均值、标准差如表3-1所示，其中保留了两项重要性较低的条目（"长相仪表堂堂"与"有很强的表演能力"），以消除正式调查时被试可能出现的一致性反映倾向。

表 3-1　领导者人格魅力预调查结果

编号	领导者魅力描述	均值	标准差
1	为下属创造成长与发展的机会	4.60	0.646
2	亲切友善	3.63	0.872
3	善于沟通	4.42	0.668
4	有责任感	4.69	0.605
5	有思想和智慧	4.42	0.649
6	有胆识和魄力	4.51	0.654
7	长相仪表堂堂	2.35	0.839
8	大气	3.84	0.955
9	高瞻远瞩	4.53	0.614
10	有能够被大家认同的价值观	4.17	0.738
11	有冒险精神	3.21	0.802
12	发掘别人潜力，知人善任	4.56	0.632
13	平和的人生态度	3.33	1.012
14	积极健康的人格	4.14	0.802
15	知错改错	3.81	0.813

编号	领导者魅力描述	均值	标准差
16	乐观自信	4.14	0.737
17	有工作激情	4.16	0.749
18	有爱心，关心别人	3.43	0.851
19	有丰富的工作经验	3.62	0.874
20	利益共享	4.14	0.737
21	大度宽容	3.94	0.780
22	理性的思考和处理问题的能力	4.32	0.686
23	倾听大家心声	3.89	0.707
24	强大的超我，远大的抱负	3.74	0.803
25	心胸宽广	4.02	0.689
26	洞察力强	4.19	0.691
27	能够保护下属	4.07	0.771
28	为下属谋利益	4.02	0.790
29	有为共同事业献身的精神	3.57	0.894
30	百折不挠	3.81	0.823
31	办事民主，广开言路	3.58	0.739
32	有很强的表演能力	2.91	0.951
33	有强烈的信仰和使命感	3.78	0.822
34	描绘鼓舞人心的未来	3.91	0.825
35	关心下属的不同愿望和需求	3.85	0.792
36	全身心投入集体事业	3.63	0.798
37	有勇气反对不良倾向	3.74	0.891
38	值得信赖和依靠	4.33	0.689
39	办事公平公正	4.30	0.715
40	自控能力强	4.17	0.703

注：重要性评定采用李克特五点量表；样本量 N＝81。

在以上过程的基础上，我们进行正式问卷的编制。我们对领导者人格魅力的 40 个题项分别设计了李克特五点量表，并同时设计了性别、年龄、职位、工作年限、单位类型、单位规模六个人口统计学变量进行调查。

四、领导者人格魅力的结构探索及效用初步检验

(一) 研究样本

本书的研究对象来自某知名公司华北大区的销售员工队伍。通过与团队中部分员工的接触与访谈,我们发现,在员工心中,该团队的最高领导者 L 有着很强的个人魅力,员工愿意追随 L 工作,认为 L 能够带领他们和整个组织更好地发展。可以说,该组织中的最高领导者 L 是一位有魅力的领导者,而该组织中的员工也真实地感受到了有魅力的领导者的特征和行为。我们认为,这样的样本非常适合我们进行领导者人格魅力的探索性研究。

本节通过调查问卷的方式进行。在公司内部的一次员工培训中,我们通过该组织的最高领导者 L,现场分发并收回问卷。共计分发问卷 300 份,回收有效问卷 234 份,回收率为 78%。问卷回收之后,我们对所有问卷数据进行了初步筛查,发现问卷的整体质量较高,每一个样本的缺失项目不超过 3 个(不包括人口统计学变量和员工工作态度变量),且没有发现明显的受访者反映倾向过于一致的个案。不过,由于填答者在年龄差异上相对较大,我们删除了 9 位年龄大于 59 岁的个案,形成用于进一步分析的样本,样本量为 225。需要特别说明的是,该组织的工作模式相对来说比较灵活,因此,很多接受调查的被试是在该组织中兼职工作,这可能在一定程度上造成填答者的疑惑,尤其是在回答单位类型和单位规模的时候从而出现了缺失值较多的情况。样本的人口统计学特征如表 3-2 所示。

表 3-2　样本的人口统计学特征 (N=225)

项目	类别	人数	人数百分比 (%)
	男	44	19.6
性别	女	177	78.7
	缺失值	4	1.8

续表

项目	类别	人数	人数百分比（%）
年龄	20~29 岁	35	15.6
	30~39 岁	67	29.8
	40~49 岁	89	39.6
	50~59 岁	31	13.8
	缺失值	3	1.3
职位	高层干部	12	5.3
	中层干部	41	18.2
	基层干部	60	26.7
	普通员工	85	37.8
	缺失值	27	12.0
现单位工作年限	5 年及以下	107	47.6
	5~10 年	66	29.3
	10~15 年	13	5.8
	15~20 年	6	2.7
	20 年以上	20	8.9
	缺失值	13	5.8
单位类型	国有或国家控股企业	21	9.3
	民营企业	16	7.1
	家族企业	30	13.3
	合资或外资企业	68	30.2
	政府机关	2	0.9
	事业单位	6	2.7
	其他	62	27.6
	缺失值	20	8.9
单位规模	20 人以下	42	18.7
	20~100 人	41	18.2
	100~500 人	25	11.1
	500~1000 人	7	3.1
	1000 人以上	80	35.6
	缺失值	30	13.3

注：由于百分比的四舍五入，各项目百分比累加之和可能并不正好等于100%。

（二）研究工具

除领导者人格魅力采用自编量表之外，本节中其余测量工具均是在国内外管理研究文献中得到广泛应用的已有量表。在正式研究之前，我们对量表进行了文字上的翻译和修订，以提高其在研究样本中的适用性。本节中使用到的研究工具包括：

领导者人格魅力。采用本节编制开发的组织情境下领导者人格魅力初步量表。共 40 个题项，采用李克特五点量表。我们采用同样的量表分别测量两个问题：一是"判断各项陈述对领导者人格魅力形成的重要性"，用数字 1~5 来表示其重要性。其中 1 表示"很不重要"，5 表示"很重要"。二是"判断目前所在部门的最高领导者 L 符合各项陈述的程度"，用数字 1~5 来表示其符合程度。其中 1 表示"很不符合"，5 表示"很符合"。前一问题是一般性的描述，后一问题则指向具体的领导者。我们分别采用被试对于这两个问题的回答所形成的数据进行探索性因子分析和验证性因子分析。一般而言，探索性和验证性因子分析应该采取两个独立的数据样本，本节旨在初步探索领导者人格魅力的内涵，故在此处采取这一折中的方式进行因子结构的探索与验证。

工作满意度。测量员工对于所在组织的整体满意程度。该量表来自 Tsui、Egan 和 O'Reilly（1992），其原始版本共有六个题项，包含了"我对从事的工作性质非常满意""我对上司非常满意"等题项。采用李克特五点量表，1 表示"不同意"，5 表示"非常同意"。在本节研究中，工作满意度的内部一致性系数为 0.759。

组织承诺。该变量测量员工对于组织的心理承诺水平。该量表来自 Chen 和 Francesco（2003）的量表。原始量表共有 18 个题项，将其中两项意义重复的项目删除。我们使用的量表包含了"我很乐意在本单位中长期工作，直至退休""我十分感激我所在的单位"等共计 16 个题项。同样采用李克特五点量表，1 表示"不同意"，5 表示"非常同意"。在本节研究中，组织承诺的内部一致性系数为 0.911。

工作投入度。工作投入度测量的是个体的完整自我投入到工作角色中的程度。该量表根据 Rich、Lepine 和 Crawford（2010）的 12 题项工作投入度量表改编而来。由于研究开展时尚无该量表的中文翻译版本，在 1 位领导与组织行为学研究专家的指导下，2 位组织行为学方向的博士研究生和 1 位硕士研究生独立地对量表进行了翻译和回译。4 位研究者根据中文量表的含义，保留了诸如"我在工作中全力以赴""我尽自己最大努力完成工作"等 6 个题项。问卷要求被试回答自身情况与问卷陈述之间的符合程度。采用李克特五点量表，1 表示"不符合"，5 表示"非常符合"。在本节研究中，工作投入度的内部一致性系数为 0.843。

控制变量。选取性别、年龄、职位等人口统计学变量作为本节研究的控制变量。

数据分析采用统计软件 SPSS 13.0 进行探索性因子分析、信度检验、相关分析和多元线性回归分析等，采用 LISREL 8.7 软件进行验证性因子分析。

（三）数据初步分析

在开展因子分析及后续的分析之前，我们对问卷第一部分的数据，即被试回答各题项对于领导者人格魅力形成的重要性，进行初步的均值和方差分析。进行这一分析的主要用意在于帮助我们确定我们调查的题项确实与领导者人格魅力这一概念紧密相关。同时，这一分析也可以为接下来的因子分析提供一定的参考。分析结果如表 3-3 所示。

表 3-3　问卷题项的均值与标准差

题项	有效样本数	均值	标准差
1. 为下属创造成长与发展的机会	224	4.8304	0.52538
2. 亲切友善	225	4.5511	0.64663
3. 善于沟通	225	4.7111	0.59844
4. 有责任感	225	4.8089	0.47614
5. 有思想和智慧	225	4.7111	0.55187
6. 有胆识和魄力	225	4.6622	0.62795
7. 长相仪表堂堂	225	2.7600	0.96140

题项	有效样本数	均值	标准差
8. 大气	225	4.2267	0.84367
9. 高瞻远瞩	225	4.6622	0.69542
10. 有能够被大家认同的价值观	225	4.4800	0.73848
11. 有冒险精神	225	3.5689	1.03333
12. 发掘别人潜力，知人善任	224	4.6205	0.61646
13. 平和的人生态度	225	4.1467	0.88176
14. 积极健康的人格	225	4.7111	0.53545
15. 知错改错	225	4.5556	0.65994
16. 乐观自信	225	4.6889	0.57563
17. 有工作激情	225	4.6978	0.58037
18. 有爱心，关心别人	225	4.6000	0.59761
19. 有丰富的工作经验	225	4.1556	0.87514
20. 利益共享	225	4.3111	0.88192
21. 大度宽容	225	4.6133	0.59522
22. 理性的思考和处理问题的能力	225	4.5333	0.65465
23. 倾听大家心声	225	4.5333	0.66144
24. 强大的超我，远大的抱负	224	4.2768	0.91043
25. 心胸宽广	225	4.5822	0.66389
26. 洞察力强	225	4.5289	0.64801
27. 能够保护下属	225	4.0978	0.89105
28. 为下属谋利益	225	4.0311	0.98376
29. 有为共同事业献身的精神	225	4.3333	0.85042
30. 百折不挠	225	4.5422	0.69388
31. 办事民主，广开言路	224	4.1295	0.91633
32. 有很强的表演能力	225	3.2356	1.01444
33. 有强烈的信仰和使命感	225	4.3689	0.85142
34. 描绘鼓舞人心的未来	224	4.4420	0.74342
35. 关心下属的不同愿望和需求	225	4.2756	0.75272
36. 全身心投入集体事业	225	4.2089	0.83768

题项	有效样本数	均值	标准差
37. 有勇气反对不良倾向	225	4.1511	0.89358
38. 值得信赖和依靠	225	4.6667	0.59761
39. 办事公平公正	225	4.6400	0.58949
40. 自控能力强	225	4.6711	0.58882

通过表3-3我们发现，在所有40项描述领导者人格魅力的题项中，除了"长相仪表堂堂""有冒险精神""有很强的表演能力"三项之外，余下93%的题项的均值都在4以上。这表明，我们通过开放式调查获得的题项的确反映了领导者的人格魅力水平，这使我们接下来的因子分析结果更为可信。

（四）因子结构探索

在该部分，我们运用统计软件SPSS 13.0对调查所得的样本数据进行探索性因子分析，以此来确定领导者人格魅力的因子结构。我们将原始样本中（N=225）存在缺失值的个案删除，得到用于因子分析的新样本，样本量为221。我们采用主成分分析法、Promax斜交转轴方法来萃取因子。采取斜交转轴法的主要理由是，Promax作为一种斜交旋转方法，允许各个因子之间彼此相关，这更加贴合组织实际情境（Ford，MacCallum & Tait，1986）。首先检验数据样本是否适合进行因子分析。经检验，巴特利特球形检验（Bartlett's Test of Sphericity）显著性水平小于0.001，说明相关矩阵不可能是单位矩阵，原始变量之间存在相关性；KMO度量值为0.966，说明该样本适合做因子分析。

我们首先以特征根大于1作为抽取因子的标准，并参考碎石图来确定可能的因子。结果显示，有大量的条目聚集在第一个因子之上，难以抽取合适的因子。接下来，我们分别尝试强制抽取2个、3个、4个和5个因子，依次观察可能的抽取结果。对于因子交叉载荷现象比较严重和那些因子载荷值小于 0.4 的条目，我们予以删除。经过多轮分析比较，最终发现三因子的结构相对来说比较合适。此外，根据各条目所表达的语义，我们对部分条目做了保留和删减的具体调整，以使各个因子和条目具备现实意义。最终保留了表 3-4 所示的 19 个条目，它们依次形成了三个因子。这三个因子累积解释了 70.884% 的方差变异（见表 3-5），效果较为理想。

表 3-4 领导者人格魅力因子分析结果

领导者人格魅力题项	因子 1 仁爱情怀	因子 2 领导才智	因子 3 公德世范
CH02 亲切友善	0.889		
CH14 积极健康的人格	0.779		
CH18 有爱心，关心别人	0.724		
CH15 知错改错	0.722		
CH23 倾听大家心声	0.610		
CH25 心胸宽广	0.550		
CH06 有胆识和魄力		0.904	
CH34 描绘鼓舞人心的未来		0.825	
CH05 有思想和智慧		0.817	
CH03 善于沟通		0.764	
CH33 有强烈的信仰和使命感		0.757	
CH09 高瞻远瞩		0.632	
CH26 洞察力强		0.557	
CH29 有为共同事业献身的精神			0.815
CH20 利益共享			0.806
CH28 为下属谋利益			0.799
CH37 有勇气反对不良倾向			0.753
CH27 能够保护下属			0.540
CH36 全身心投入集体事业			0.536

注：样本总量 N=221。

表 3-5　因子分析整体解释变异量

成分	初始特征根			载荷量平方和抽取			转轴
	总体	方差百分比	累积方差百分比	总体	方差百分比	累积方差百分比	总体
1	11.250	59.210	59.210	11.250	59.210	59.210	8.649
2	1.334	7.020	66.230	1.334	7.020	66.230	8.906
3	0.884	4.654	70.884	0.884	4.654	70.884	8.808

注：样本总量 N=221。

根据题项表达的含义，我们对各个因子进行命名。其中：

第一个因子，包括"亲切友善""积极健康的人格""有爱心，关心别人""知错改错""倾听大家心声""心胸宽广"六个题项。这六个题项都与领导者对待他人的态度与方式有关，尤其表现为用仁爱的心态处理与下属的关系，并保持这种情怀，这是一种超越了人际间友好关系的大爱。因此，我们将第一个因子命名为"仁爱情怀"。

第二个因子，包括"有胆识和魄力""描绘鼓舞人心的未来""有思想和智慧""善于沟通""有强烈的信仰和使命感""高瞻远瞩""洞察力强"七个题项。通过语义分析，我们不难发现，这七个项目都与领导者在领导活动中需要的才能和智慧密切相关。例如，"有胆识和魄力""洞察力强""高瞻远瞩"都和领导者的决策活动相关；"善于沟通""描述鼓舞人心的未来"则直接指向领导者在领导过程中进行沟通和愿景激励的能力；"有思想和智慧"则反映了领导者的智慧。因此，我们将第二个因子命名为"领导才智"，意指领导者在领导过程中需要具备的杰出才能与智慧，是在优秀的领导者身上体现并在领导活动和过程中展现出的才智。

第三个因子，包括"有为共同事业献身的精神""利益共享""为下属谋利益""有勇气反对不良倾向""能够保护下属""全身心投入集体事业"六个题项。对项目的内涵进行分析，我们发现这六个题目共同地反映了领导者作为组织中的重要成员，所具有的高水准的、集体取向的公德行为。即领导者在组织中,不是谋求个人一己之利或小团体利益,而是谋求集体共同利益,为群众谋利益,为组织谋发展,这是一种超越了一般社会道德规范和个体要求的道德水平,我们将其命名为"公德世范"。这一概念一方面突出了领导者的公德内容。这是一种超越了一般意义上个人道德要求(如诚信、乐于助人、孝顺父母、任劳任怨等)的"大德";另一方面通过借鉴北京师范大学"学为人师,行为世范"校训中的"世范"一词,强调了领导者作为道德楷模的作用和员工对优秀领导者的道德期待。

为了提高上述三因子结构的可信性,我们对三因子进行了内部一致性信度检验和相关分析。表3-6展示了三个因子各自整体的 Cronbach's α 系数值,以及如果删除每个题项之后,各个因子的内部一致性系数值。三个子量表的 Cronbach's α 信度系数都在0.91以上,显著地高于通常认可的适当标准0.7。并且,删除任何一个题项后,该因子的信度系数都会不同程度地降低。表3-7展示了三个因子各自的平均值、标准差、两两之间的相关系数。相关分析显示,三个因子之间均两两显著相关,同时所有的相关系数又都远低于信度水平,表明各个因子之间虽然具有一定的关联,但是又相对独立地存在。信度分析和相关分析均表明三因子结构比较理想。

表 3-6 三因子的内部一致性系数

因子及项目	该题与总分相关	删除该题后的内部一致性系数值
因子1:仁爱情怀	Cronbach's α = 0.922	
亲切友善	0.778	0.908
积极健康的人格	0.806	0.904
有爱心,关心别人	0.780	0.908
知错改错	0.754	0.912
倾听大家心声	0.748	0.912
心胸宽广	0.813	0.903

因子及项目	该题与总分相关	删除该题后的内部一致性系数值
因子2：领导才智	Cronbach's α = 0.921	
有胆识和魄力	0.743	0.910
描绘鼓舞人心的未来	0.790	0.906
有思想和智慧	0.816	0.904
善于沟通	0.733	0.912
有强烈的信仰和使命感	0.796	0.905
高瞻远瞩	0.729	0.912
洞察力强	0.690	0.916
因子3：公德世范	Cronbach's α = 0.911	
有为共同事业献身的精神	0.783	0.891
利益共享	0.767	0.894
为下属谋利益	0.801	0.888
有勇气反对不良倾向	0.679	0.906
能够保护下属	0.755	0.895
全身心投入集体事业	0.729	0.899

注：样本量 N = 221。

表3-7 三因子的均值、标准差和两两相关系数

	均值	标准差	1	2	3
1. 仁爱情怀	4.18	0.833	1		
2. 领导才智	4.28	0.796	0.746***	1	
3. 公德世范	4.02	0.851	0.814***	0.752***	1

注：样本量 N = 221；*** $p < 0.001$（双尾检验）。

（五）因子结构的结构效度

本节中，我们拟采取验证性因子分析的技术，对领导者人格魅力这一概念的结构效度进行验证。验证性因子分析的关键在于通过比较多个模型之间的优劣，来确定最佳匹配模型（李超平和时勘，2005）。通过前面的探索性因子分析，我们发现领导者人格魅力是一个三因子的结构。但是，

相关分析仍然说明三个因子之间有着较强的相关性，从而不能排除领导者人格魅力是一个单维构念的可能性。因此，在本节中我们拟利用在问卷第一部分得到的数据进行验证性因子分析，对领导者人格魅力的单因子模型和三因子模型进行比较，从而确定最佳模型。

进行验证性因子分析之前，我们首先对样本中第一部分的数据进行了缺失值的筛检。经过这一过程，可用于分析的样本量为223。验证性因素分析得出的模型比较结果如表3-8所示。从表3-8中可以看出，三因素模型的各项拟合指数都要优于单因素模型，且CFI、NFI、IFI等指标都达到了较好的检验标准。

表3-8　单因素与三因素模型的拟合指数对比

模型	χ^2	df	χ^2/df	NFI	NNFI	IFI	CFI	RMSEA
单因素模型	891.51	152	5.87	0.94	0.94	0.95	0.95	0.16
三因素模型	340.77	149	2.29	0.97	0.98	0.98	0.98	0.08

注：样本量 N=223。

另外，评价测量模型好坏的依据，还包括各个观测变量在潜变量上的负荷量，以及误差变量的负荷大小。一般来说，观测变量在潜变量上的负荷较高，而在误差上的负荷较低，则表示模型质量好，观测变量与潜变量之间的关系可靠（李超平和时勘，2005）。图3-2列出了领导者人格魅力三因素模型中每一个项目的负荷和误差负荷。从中我们可以看出，各个观测变量在潜变量上负荷值最低为0.67，最高为0.90；在误差上的负荷值在0.21~0.45。这说明从整体上看，在我们提出的三因素模型中，每一个观测变量对相应潜变量的解释程度较大，而误差相对比较小。

（六）领导者人格魅力的预测效度检验

通过上两节的因子分析过程，我们基本上确定了领导者人格魅力的三因素模型，并且验证了其具有较好的结构效度。本部分将选取工作满意度、组织承诺和工作投入度作为效标变量，对领导者人格魅力的效标效度进行一个初步的验证。在前人的研究中，魅力型领导与员工的工作满意

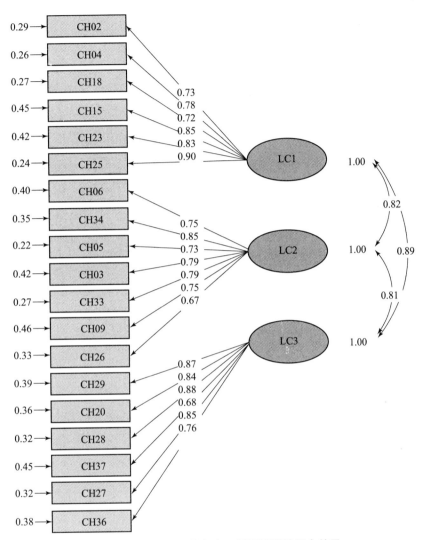

图3-2 领导者人格魅力三因子模型的拟合效果

度、组织承诺感和工作投入度之间均有着正向的联系。由此，我们预测本节所开发的领导者人格魅力概念也与上述效标变量之间存在正相关关系。

我们首先通过均值合并的方法，在原数据样本中计算生成领导者人格魅力及其三个子维度的值，以及工作满意度、组织承诺、工作投入度的变量值。由于本节研究中的变量都是由员工的自我汇报产生，我们进行Harman 单因素检验，以对共同方法偏差是否存在进行检验（Podsakoff，

MacKenzie、Lee & Podsakoff，2003）。通过对本节研究中所有的变量进行探索性因子分析，观察未旋转的因子分析结果（周浩和龙立荣，2004）。我们发现，能够反映共同方法偏差的第一个因子解释了 34.96% 的方差变异（表格省略），不占大多数。此外，经过初步的因子分析检验，四个变量之间具有较好的区分度，因此表明研究样本中的同源误差问题不严重。

为了检验领导者人格魅力与被预测的工作态度变量之间的区分效度，我们按照 Wang、Law、Hackett、Wang 和 Chen（2005）的方法，首先将工作满意度、组织承诺和工作投入度各自的条目，通过打包分组的方式，随机各分成三个观测变量，并将以上总共九个观测变量与领导者人格魅力的三个因子共同作为观测变量，按照不同的模型进行验证性因子分析。结果显示，四因子模型比其他替代模型的拟合效果都要理想（见表 3-9），表明本节研究中领导者人格魅力与其他变量之间有着较好的区分效度。

表3-9　概念区分效度的验证性因子分析结果比较

模型及所含因子	χ^2	df	RMSEA	NFI	NNFI	CFI	GFI	IFI
4 因子：LC，JS，OC，JE	95.69	48	0.073	0.96	0.97	0.98	0.92	0.98
3 因子：LC+JS，OC，JE	266.90	51	0.150	0.90	0.90	0.92	0.81	0.92
3 因子：LC+OC，JS，JE	391.58	51	0.188	0.85	0.83	0.87	0.74	0.87
3 因子：LC+JE，JS，OC	400.18	51	0.190	0.85	0.83	0.87	0.74	0.87
3 因子：LC，JS+OC，JE	213.03	51	0.130	0.92	0.92	0.94	0.84	0.94
3 因子：LC，JS+JE，OC	272.06	51	0.151	0.90	0.90	0.92	0.81	0.93
3 因子：LC，JS，OC+JE	295.30	51	0.159	0.89	0.88	0.91	0.79	0.91
2 因子：LC+JS，OC+JE	445.08	53	0.198	0.84	0.83	0.86	0.72	0.86
2 因子：LC+OC，JS+JE	569.58	53	0.227	0.80	0.77	0.82	0.67	0.82
2 因子：LC+JE，OC+JS	491.75	53	0.209	0.81	0.79	0.83	0.70	0.83
1 因子：LC+JE+OC+JS	641.69	54	0.240	0.77	0.74	0.79	0.64	0.79

注：样本数 N=190①。LC 表示领导者人格魅力；JS 表示工作满意度；OC 表示组织承诺；JE 表示工作投入度；+表示两个因子合并为一个因子。

---

① 该样本为删除各变量缺失值后得到的样本。虽然样本量相对较小，但由于我们通过采取打包方法后只有 12 个观测变量，因此样本数/变量数的比数超过了 10，可以进行验证性因子分析。参见侯杰泰等（2004）. 结构方程模型及其应用. 北京：教育科学出版社，145-147.

表3-10 各变量的均值、方差、内部一致性系数及相关系数

变量名	均值	方差	1	2	3	4	5	6	7	8
1. 性别	1.80	0.400								
2. 年龄	39.58	8.880	-0.026							
3. 职位	3.06	0.915	0.213**	-0.204**						
4. 工作年限	7.82	7.617	0.057	0.522***	-0.160*					
5. 领导者人格魅力	4.17	0.742	0.014	-0.058	0.096	-0.112	(0.961)			
6. 工作满意度	3.96	0.766	-0.036	-0.028	-0.064	-0.210***	0.578***	(0.759)		
7. 组织承诺	3.98	0.845	0.021	0.002	-0.025	-0.398***	0.453***	0.578***	(0.911)	
8. 工作投入度	4.14	0.725	-0.094	0.204***	-0.232***	-0.090	0.258***	0.501***	0.445***	(0.843)

注：样本量N=191（此样本中，领导者人格魅力、工作满意度、组织承诺、工作投入度等变量上皆无缺失值；该样本同样用于之后的回归分析）；各变量内部一致性系数在对角线括号中注明；* p<0.05，** p<0.01，*** p<0.001（均为双尾检验）。

领导者人格魅力、工作满意度、组织承诺、工作投入度和相关人口统计学变量的均值、方差、内部一致性信度系数和两两相关系数如表 3-10 所示。通过相关分析，我们可以得出以下结论：

领导者人格魅力与员工的性别、年龄、职位、工作年限等人口统计学变量之间没有显著的相关关系。领导者人格魅力与工作满意度、组织承诺和工作投入度等结果变量之间都有着显著的正相关关系（相关系数在 0.258~0.578，双尾检验在 0.001 水平上显著），这为进一步的回归分析提供了基础。

接下来，为了验证前文提出的领导者人格魅力的效标效度，采用层次回归分析（Hierarchical Regression Model）的技术方法，探讨领导者人格魅力与员工的工作满意度、组织承诺和工作投入度等效标变量之间的关系。我们首先对所有参与回归分析的变量进行标准化操作，得到相应变量的标准化值。在回归过程中，我们将年龄、性别、职位三个人口统计学变量作为控制变量，在第一步中放入回归方程；然后将领导者人格魅力作为自变量放入回归方程。通过线性回归分析，比较两步回归方程中 R^2 的变化及 R^2 变化的 F 检验值，以考察 R^2 的变化是否出现显著性的提高。领导者人格魅力对三个效标变量的回归分析结果分别列示在表 3-11、表 3-12 和表 3-13 中。

从上述回归结果可以看出，在控制了主要人口统计学变量的前提下，领导者人格魅力作为解释变量，分别独自贡献了工作满意度、组织承诺和工作投入度 31.4%、18.6% 和 7.3% 的方差变异量，并且可以显著地预测这三类态度变量（标准化的回归系数分别为 0.563、0.435 和 0.273，显著水平均为 p<0.001）。综上，我们可以认为，本节开发出的领导者人格魅力量表具有较好的效标效度。

简要来说，本节在上一节定性研究和量表编制的基础上，运用探索性因子分析建构了一个基于三因子模型结构的领导者人格魅力概念。进一步地，本节通过内部一致性分析检验了三因子结构的信度水平，通过验证性因子分析检验了三因子模型的结构效度，并通过领导者人格魅力对于工作

表 3-11　领导者人格魅力与工作满意度的回归分析结果

变量名及回归步骤	因变量：工作满意度	
	第一步	第二步
1. 人口统计学变量 （控制变量）		
性别	−0.012	0.001
年龄	−0.070	−0.038
职位	−0.060	−0.106
2. 领导者人格魅力 （自变量）		0.563 ***
R^2	0.007	0.321
ΔR^2	0.007	0.314 ***
F	0.396	19.029

注：样本量 N = 191；＊ p<0.05，＊＊ p <0.01，＊＊＊ p<0.001（皆为双尾检验）。

表 3-12　领导者人格魅力与组织承诺回归分析结果

变量名及回归步骤	因变量：组织承诺	
	第一步	第二步
1. 人口统计学变量 （控制变量）		
性别	0.001	0.000
年龄	−0.072	−0.036
职位	−0.039	−0.077
2. 领导者人格魅力 （自变量）		0.435 ***
R^2	0.006	0.192
ΔR^2	0.006	0.186 ***
F	0.303	9.619

注：样本量 N = 191；＊ p<0.05，＊＊ p <0.01，＊＊＊ p<0.001（皆为双尾检验）。

表 3-13　领导者人格魅力与工作投入度的回归分析结果

变量名及回归步骤	因变量：工作投入度	
	第一步	第二步
1. 人口统计学变量 （控制变量）		
性别	−0.065	−0.065
年龄	0.113	0.135
职位	−0.193 *	−0.216 **
2. 领导者人格魅力 （自变量）		0.273 ***
R^2	0.069	0.143
ΔR^2	0.069 **	0.073 ***
F	4.049	6.733

注：样本量 N=191；* $p<0.05$，** $p<0.01$，*** $p<0.001$（皆为双尾检验）。

满意度、组织承诺和工作投入度的回归分析，检验了这一概念的效标效度。基于本部分的研究可以认为，我们开发的三因子、19 题项的领导者人格魅力测量工具具有较好的信度和效度水平。

五、讨论与总结

本章首先通过文献研究，论证了领导者人格魅力研究的必要性和可能性，进而通过开放式问卷调查，形成了一个初步的领导者人格魅力测量问卷。之后，又通过因子分析技术进一步修订了测量问卷，并且对领导者人格魅力测验的内部一致性信度、结构效度和效标效度做了初步的检验。通过我们的研究，领导者人格魅力包含了领导者的个性特征和行为表现等内容，其内部结构可以归纳为一个包含三维度的模型。这三个维度分别是仁爱情怀、领导才智和公德世范。

首先，我们需要再次强调领导者人格魅力与领导者个性特征和行为表现之间的关联。正如在文献研究中提及的那样，现有文献对于领导者魅力的探讨大多数聚焦在领导者个性特征和行为表现两个侧面上。我们基于辩证的认识观，认为个性特征和行为表现两者是不可能截然分开的。相反，两者是相互依存、相互强化，并统一于特定的领导者身上。基于此，我们提倡不能单独地看待某一个侧面，这可能会掩盖掉部分事实；而是要整体地看待魅力现象，并据此提出了领导者人格魅力的概念。在我们得出的领导者人格魅力三维度模型中，无论是从三个维度本身，抑或是从具体的测量题项来看，都体现了个性特征与行为表现的整合和统一。例如，从三个维度本身来看，"仁爱情怀"和"领导才智"这两个因子更多地与个性特征相关联，但这些个性特征也都有待于具体的领导者行为来体现；"公德世范"维度中的描述虽更多地指向领导者的行为表现，但其行为表现的背后也反映了领导者特定的个性特征。总之，我们在本章中提出并进行了结构研究的"领导者人格魅力"概念，较好地整合了与领导者魅力相关的个性特征和行为表现，有助于更加全面地看待领导者魅力现象。

其次，领导者人格魅力各个维度的含义值得探讨。在我们的研究中，我们发现领导者人格魅力是一个包含了仁爱情怀、领导才智和公德世范三个维度的多维构念。其中：

第一，仁爱情怀主要反映了领导者在处理与外界关系，尤其是与下属的关系的过程中，所持有的一种仁爱的态度。现代心理学的研究已经表明，人是一种具有丰富情感的高级生命体。在组织活动中，领导者和员工都会具有或表现出特定的情感。领导者对待员工情感的正确态度，不是一味盲目地遏制，而应将情感管理作为影响员工表现的一个重要路径（章凯，2004）。领导者要善于通过情感上的关怀和维系来激发员工的工作热情，这样更符合人的情感性特征，也会实现更好的领导效能。多项关于魅力与情感的研究也表明（Bono & Ilies, 2006; Erez et al., 2008），领导者经常表现出积极的情感，有助于下属将其感知为有魅力的领导者。情感过程是除了认知过程之外，下属感知领导者魅力的又一路径；同时，魅力型的领导者也经常通过传递积极的情感来影响员工的情感和绩效表现。我们所提出的仁爱情怀，不仅指代领导者调动情感力量与下属进行积极的互动，更表达了一种"博爱"的心胸。仁爱是中国文化和中国社会中的一个重要概念，是儒家思想深刻影响下的产物。倡导和崇尚仁爱，是以孔孟为代表的儒家学说最为核心的价值观之一（林存光，2008），其基本点在于教化人由爱亲人推及爱周边乃至广大的人与物，正如孔孟所说"仁者，爱人"①。张岱年（1986）对仁爱学说进行了评析，认为"仁是关于人我关系的准则，其出发点在于承认别人也是人，是与自己一样的人。承认人人都有独立的人格，这是孔子仁说的核心含义"。彭富春（2009）认为，仁爱的本质在于人性，其对于仁爱的翻译（humanity）也体现了这一点。先贤的思想在管理和领导活动中同样具有其现代价值，突出地体现在以人为本的管理思想和构建和谐的领导者—下属关系之上。我们的研究将仁爱作为领导者人格魅力的维度之一，就是强调领导者要以尊重、关爱、仁义的态度对待下属，积极构建良好的互动关系，这本身也符合中国情境下对于人际和谐的强调（Yang, Yu & Yeh, 1989）。

第二，领导才智对于领导者人格魅力的形成所起到的作用不言而喻。现代经济社会充满风险和不确定性，组织作为社会中的一类有机体，经常需要面对复杂的、不确定的情境，并迅速、准确地做出决策。大多数时候，完成这些决策的重担往往落在作为组织"掌舵人"的领导者身上。因此，领导者在组织中往往需要承担特定的角色。Hart 和 Quinn（1993）就指出，领导者承担着包括制定愿景、激励下属、决策分析和任务执行等在内的角色。从这一点出发，为了达到上述角色的要求，领导者必须具备一定的才智才能够胜任。但是，仅仅完成上述角色，领导者是很难被下属感知为具有魅力的领导者的。在下属看来，具有魅力的领导者应该是杰出的、出众的领导者，他们往往都拥有过人的才智（认知能力）、强大的专业能力、果断的魄力和强大的社会沟通能力等。在现实的组织生活中，很少有领导者才智不足而仍能成为具有魅力的领导者的情形发生，这无疑印

---

① 转引自：《论语·颜渊》。原文为"樊迟问仁。子曰：'爱人'"。参见钱穆（1987，2005）. 论语新解. 三联书店，323.

证了领导才智对于领导者人格魅力的作用。但需要说明的是，这里所说的才智一定是能够指向领导活动本身的，而不是一般意义上的普遍才华或能力。在 Conger 等学者开展的对魅力型领导者行为表现的研究中，诸如鼓舞人心的愿景、高瞻远瞩等也被多次强调，这与我们的研究发现是一致的。

第三，公德世范。道德问题成为领导理论的关注点并非新事。例如，凌文轾（1991）在 PM 领导理论中（工作绩效和团体维系）加入了"个人品德"的成分，提出 CPM 理论；台湾学者郑伯勳及其合作者（2000）提出德行领导（Moral Leadership）作为家长式领导的维度之一，主要强调领导者的两项道德品质，一是公私分明，二是以身作则；李超平和时勘（2005）在中国情境下对变革型领导的结构进行研究，提出一个四维度的结构，其中就包含了德行垂范，具体则包括了诸如奉献精神、以身作则、言行一致、说到做到、严格要求自己等内容；类似的提法还包括道德管理（周祖城，2003）、领导者德商（仲理峰，2007）等。当然，领导中的道德问题也得到了西方学者的重视。如 Howell 和 Avolio（1992）就比较了魅力型领导者道德与非道德的行为及其后果。近年来，有关伦理型或者道德型领导的研究得到了国内外学者的普遍重视，相关研究成果层出不穷。回顾和审视中西方学者关于领导者道德问题的研究之后，我们发现，中国学者在领导研究中所强调的道德成分，更多的是对于领导者个体道德素质和道德水平的关注（如凌文轾等明确提出"个人品德"），而没有很好地重视领导者在组织中所扮演的特殊角色。这也正是我们在本节中将领导者人格魅力的第三个维度命名为"公德世范"的初衷。我们作此命名，希望在道德的性质和道德的作用两个方向上对领导者的道德问题进行一定的发展。从道德的性质来说，我们强调领导者更要重视公德。近代著名的教育家陶行知先生认为，道德有"公德"与"私德"之分①。所谓"公德"，是指集体的公共道德，即集体中的成员要照顾和保护集体利益，而不仅仅是关

---

① 转引自：华中师范大学教育科学研究所（1985）．陶行知全集（第三卷）．湖南教育出版社，471-472.

注自己的个人利益。"私德"则是指个人的品德与行为。我们自然不能够否认"私德"在组织生活中的重要性，尤其其往往是形成"公德"的前提和基础条件。但"公德"一直以来没有得到足够的重视。梁漱溟（1949，2005）在分析中国文化时，就提出中国人缺乏集团生活，缺少公德。在组织生活中，领导者对整个组织的存续和发展能够起到较大甚至是关键性的作用。出于对领导者特殊角色的考虑，站在下属的立场之上，我们更加关注的是领导者的"公德"，包括有没有全身心地对组织和集体尽到责任、有没有建立和维护整个组织的道德标准等。从道德的作用来看，领导者魅力之中的道德应当能够成为员工的道德榜样。领导者往往能够在组织中起到角色示范的作用，魅力型领导者更是如此（House，1977）。根据 Bandura 的社会学习理论，下属在组织中会以作为角色示范的领导者为榜样，在行为上学习和效仿。由于个体的道德修养主要通过自身的行为展现出来，我们相信下属也会在道德修养上向领导者学习。因此，具有魅力的领导者必须重视下属对于领导者的道德角色期待，努力使自己成为组织之中道德上的楷模和示范，从而引导员工追随、学习，并进一步地保护和提升组织集体利益。

对领导者人格魅力内涵的研究同样有助于我们认识领导与追随的内在联系。在本书第二章回顾追随研究相关文献时，我们已经指出领导者的魅力是吸引追随者追随领导者的一个重要原因。在现实世界中，无论是商业领域、政治领域还是宗教领域，我们都能够发现一些杰出的领导者，他们因为自身散发的魅力而吸引了为数众多的追随者（Burns，1978）。更有甚者，一些魅力极强的领导者对于追随者的吸引和影响，超越了时间和空间的界限。因此，理解魅力的真实内涵，可以更好地帮助我们认识这种受领导者魅力驱使的追随现象是如何产生的。

在大量已有的领导魅力研究中，学者都关注于领导者个性特征或行为表现对于魅力形成的影响。换言之，他们关心的问题是"什么样的领导者"或者"表现出哪些行为的领导者"更有可能被追随者认为是有魅力的，从而愿意强烈地追随这些领导者。本质上，这是一种领导者中心的研究视角。以 Conger 和 Kanungo（1987）等提出的魅力型领导归因理论为例，尽管他们强调魅力型领导很可能是一种追随者进行的归因过程，但在界定魅力型领导的内容时，他们仍然选择了五种不同类型的领导者行为。在后续研究中，一部分学者开始重视追随者在魅力型领导过程中的作用，比如说某些类型的追随者更可能感受到领导者的魅力，更可能被领导者所吸引。在 Klein 和 House（1995）所做的一个比喻中，具有某些特质的领导者被比作"引起燃烧的火星"，对魅力保持开放态度的追随者被比作"可燃烧物质"，而有利于魅力产生的环境（如危机情境）则被比作"氧气"。从这个简单的比喻中可以看出，魅力的形成依赖于领导者、追随者和情境特征，但追随者在这一比喻中事实上仍然是"被动等待着被点燃的材料"。

　　直到近些年来，魅力型领导的研究中才开始越来越重视追随者的作用，这突出地体现在更多地从关系的角度来理解魅力型领导的形成。Howell 和 Shamir（2005）对魅力型领导关系中追随者自我概念系统的作用进行了更为细致的分析。换言之，尽管魅力型领导常常表现为领导者强烈地去吸引追随者，但如果缺少对追随者角色的考察，我们对于魅力型领导的认识也就难称完整。

　　在本章研究中，我们所得出的领导者人格魅力三因素结构（仁爱情怀、领导才智、公德世范）在内容上与领导者的个性和行为仍然密切相关。然而，如果我们继续思考上述三因素之间的内在联系，以及为何这些因素能够构成领导者的人格魅力时，便可以进一步认识到：以上三因素的本质特征在于均强调如何促成追随者目标的实现，以及对于追随者自我的提升和牵引。具体而言，仁爱情怀强调领导者对于员工精神需求和情感需求的关注，领导才智之所以成为人格魅力的重要成分是因其能够给予追随者实现愿景或目标的较高期望，而公德世范的目的则在于确保领导者不是为了谋求个人利益，而是旨在实现集体利益的最大化。从我们的研究中可以看出，以上三类因素都能够促进员工感受到更高水平的领导者人格魅力，也都能对追随者的态度和工作行为产生积极的影响。然而，只有当我们深入地将追随者因素考虑到魅力型领导过程中来，我们才可以更为准确地理解为何是这些因素促进了魅力的形成。因此，本章的贡献不在于仅仅揭示出一个中国情境下领导者人格魅力的内容结构，更重要的是进一步为追随者中心的领导者魅力研究提供支持。当然，我们的研究在本质上仍然是探索性的，还未能深入地考察追随者心理过程在魅力型领导形成中的作用，这也可以成为未来基于追随者中心视角开展魅力型领导研究的一个重要方向。

第四章

魅力型领导对追随者工作行为的
影响机制研究

在上一章中，我们对魅力型领导的内涵与结构进行了研究，并得出当前魅力型领导研究中已出现研究视角转向趋势——从领导者中心走向追随者中心。从前人的相关研究中我们也注意到，魅力型领导确实对于追随者有着强烈而积极的影响。由此，在充分认识到追随者角色重要性的前提下，我们试图思考魅力型领导究竟是如何对追随者产生深远的影响的，这种影响的心理机制可能包括哪些。

随着企业所处外部环境动态性和竞争性的加剧，组织的发展越来越依赖于员工的贡献。其中，组织对于员工的要求不再是完成岗位规定的职责那么简单，而是期望员工能够超越自身的个体利益，更多地从组织的使命和愿景出发做出贡献，甚至做出自我牺牲式的行为。从本质上说，这是对员工人格上的一种超越，体现为员工由"小我"走向"大我"、由"个体人格"走向"组织人格"。然而，员工并不会自发地实现上述转换。其中，富有魅力的领导者便可能会起到重要的助推作用。魅力的本意就是一种极强的吸引和影响力量，它能够对下属产生超出一般水平的影响。因此，魅力型领导研究不应该仅仅关注可能产生什么样的结果，而应更多地着眼于从理论和实证上回答魅力领导者如何能促进员工的这种人格层面的转换。具体来说，员工为什么会被魅力型领导者所吸引和影响？员工如何在领导者的影响下从下属（Subordinates）成为追随者（Followers）？为了回应上述研究问题，本章开展了一项实证研究，试图揭示魅力型领导和追随者行为表现之间的心理机制。

一、研究背景

在当前竞争日益激烈、商业环境愈加动荡和不确定的社会经济背景下，组织越来越呼唤魅力型领导者（Antonakis et al. , 2016；Conger & Kanungo，1988）。自20世纪70年代以来，与变革和创新紧密相连的魅力型领导（Levay，2010）开始成为研究者重点关注的一种领导风格。在已有的研究中，学者发现魅力型领导可以积极地影响领导有效性和下属的有效性、满意度、承诺感（Conger, Kanungo & Menon, 2000；Erez et al. , 2008）、组织公民行为（Den Hartog, De Hoogh & Keegan, 2007）及组织的绩效水平（Rowald & Laukamp, 2008）。魅力型领导风格对群体和组织层面的结果绩效的积极效用在实验和实地研究中都得到支持（Banks et al. , 2017；DeGroot, Kiker & Cross, 2000）。多数学者已经比较一致地认可其作为优秀领导者的重要特征之一，对于领导和组织的有效性能够起到积极的作用。

对于处在经济社会转型期的中国来说，更需要魅力型领导带领企业推进变革和创新（董临萍、张文贤，2006）。正因如此，近些年来国内有关魅力型领导的研究逐渐开始升温并得到更多的重视（刘小禹、周爱钦和刘军，2018）。例如，叶余建等（2007）研究表明，中小型企业主的魅力型领导可以通过员工的自我效能和自尊影响组织公民行为；董临萍等（2008）在群体层面考察了魅力型领导对群体绩效的影响；刘子安和陈建勋（2009）则重点探讨了高层领导者的魅力型领导对于企业自主创新的影响。研究发现，魅力型领导能够正向影响企业的自主技术创新，并且探索式组织学习在其中承担部分中介的作用；吴维库等（2008）实证研究了中国企业高层领导者的魅力型领导对于员工工作态度和行为的影响；张伟明和夏洪胜（2011）研究发现，魅力型领导能够通过提高下属的信任而影响团队创新绩效。

不难发现，已有的魅力型领导研究更多地聚焦在检验魅力型领导对于组织、群体和个人的积极影响之上，而对于这种影响的实现机制则关注不足。魅力型领导之所以能够对组织产生影响，一个重要的途径就是对组织中员工的态度和行为产生影响。因此，从个体层面来考察魅力型领导影响追随者态度和行为的心理机制和过程是十分必要的。本章主要考察中国企业魅力型领导对于员工工作行为（包括角色内行为和组织公民行为）的影响，并且引入能够表征追随者心理状态的中间变量——心理资本和组织支持感，试图部分地打开魅力型领导与员工行为之间存在的"黑箱"。

二、理论与研究假设

（一）魅力型领导与员工工作行为

在组织管理领域内，最早开始建构魅力型领导理论的是罗伯特·豪斯教授（House，1977）。他认为，魅力型领导风格能让下属充分相信领导者信念的正确性并且接受领导者的信念，能让下属无条件地接受、热爱并服从领导者，能使下属认同领导者并模仿其行为，能使下属对组织目标的实现产生使命感等。在 House、Spangler 和 Woycke（1991）开展的一项以美国总统为研究对象的实证研究中，他们总结到，魅力型领导能够通过自身的行为、信念和个人示范作用，对他人的信念、价值观、行为和绩效产生弥漫性和强烈的影响。之后，Conger 和 Kanungo（1988，1998）对魅力型领导理论进行了进一步的发展。他们认为，魅力是下属在组织情境中对观察到的领导者部分特定行为的归因，因此真正需要研究的是那些引起魅力归因的行为。通过比较魅力型领导和非魅力型领导的典型行为，他们识别了魅力型领导的五种行为：①提出具有战略性的愿景并加以清晰阐述；②敢于承担个人风险并做出个人牺牲；③非常规的行为；④对环境变化非常敏感；⑤对组织成员的需求非常敏感。

Shamir、House 和 Arthur（1993）提出基于自我概念的魅力型领导动机模型，解释魅力型领导者如何使下属与动机相联系的自我概念发生作用（见图4-1）。该理论的核心是魅力型领导通过影响追随者的自我概念而对其进行激励。其实现作用的主要途径包括：①提高员工努力的内部效价；②提高员工的绩效—实现期望；③提高员工目标实现的内部效价；④向员工灌输关于美好前景的信念；⑤创造个人忠诚。

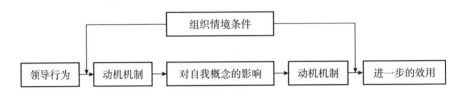

图4-1　基于自我概念的魅力型领导理论图示

魅力型领导影响追随者行为表现的重要手段之一就是描绘一个美好的未来愿景（Beyer，1999；Shamir，Arthur & House，1994）。通过描绘愿景并与广大追随者分享这一愿景，魅力型领导促使追随者意识到个人能够在追求组织愿景实现的过程中获得发展，同时提升了他们对于当前工作意义的认知。这会进一步强化他们投入当前工作的动机，因而有助于改善员工的角色内行为并提高工作绩效（Williams & Anderson，1991）。此外，魅力型领导鼓励追随者超越自身的利益，转而注重和追求组织的集体利益，这会强化追随者对于组织的集体认同感（Conger et al.，2000），从而愿意表现出更多有利于组织的行为。组织公民行为作为一种角色外行为，指的正是员工自愿表现出的，并且不直接或明确地被组织的正式报酬系统所认可的，但能从整体上提高组织效能的行为（Organ，1988）。根据组织公民行为指向的对象不同，学术界又区分了指向组织的组织公民行为（OCBO）和指向个体的组织公民行为（OCBI）两类（Lee & Allen，2002）。其中，OCBO指整体上有利于组织的公民行为，而OCBI指直接有利于某一个人并最终借此贡献于组织的公民行为（Williams & Anderson，1991）。本章采用这一分类方法，试图分别对两类组织公民行为加以考察。基于上述分析，我们提出如下假设：

H1：魅力型领导对追随者的角色内行为有显著的正向影响。

H2：魅力型领导对追随者指向组织的组织公民行为和指向个体的组织公民行为有显著的正向影响。

（二）心理资本的中介作用

在 Shamir 等（1993）构建的动机模型中，魅力型领导者能够向追随者传递积极的心理能量，并影响追随者的行为与态度。基于这一观点，本章试图发现能够准确表征这种心理能量的概念。Luthans 等（2004）从积极心理学和积极组织行为学（POB）的角度，提出心理资本的概念，并认为心理资本是指人的积极心理状态，主要包括自信或自我效能感、乐观、希望和韧性四个方面（Luthans，Luthans & Luthans，2004）。之后，Luthans 等（2005）首次明确将心理资本定义为"个体一般积极性的核心心理要素，具体表现为符合积极组织行为标准的心理状态，它超出了人力资本和社会资本，并能够通过有针对性的投入和开发而使个体获得竞争优势"。具体来说，个体的积极心理状态具有如下特征：①有自信通过必要的努力成功完成一项挑战性的任务；②对现在和将来发生的一切进行积极归因；③对目标坚持不懈地努力，必要的时候为达到目标调整自己的方法；④当被问题和逆境困扰时，能够支撑和恢复过来，甚至能克服困难达到成功。

根据仲理峰（2007a）对心理资本概念的解读，心理资本更多的是一些类状态而非类特质的心理变量。这说明，个体的心理资本会受到外界力量的影响和塑造。从这一观点出发，领导者可以通过自身的行动来影响下属的心理资本水平。魅力型领导在组织中宣贯宏大的未来愿景，给员工的工作注入希望；同时，魅力型领导注重在工作中对员工授权，并发展员工的能力，这可以让他们对于完成工作和实现愿景有更强的自我效能感；此外，魅力型领导还通过关怀下属的需求、关注外在环境的变化，促进组织愿景的实现，甚至在组织遭受困难与挫折时做出自我牺牲，这都有助于员工保持乐观的心态，并且善于从困难中恢复过来。另外，心理资本对于员工工作绩效的积极影响，已经得到了国内外实证研究的支持（Luthans et al.，2005；仲理峰，2007b）。拥有较高心理资本水平的员工，对于生活和工作都抱有积极的心态，因而不仅会主动努力地完成本职任务，也更有可能帮助他们的同事、做对组织有益的事情和超出要求地完成任务，即更多地表现出组织公民行为。

值得注意的是，Luthans 等（2004）明确表示，积极心理资本由自我效能感（或自信）、希望、乐观和坚韧性四个维度构成（Luthans & Youssef，2004）。然而，在 Luthan 等（2005）与 Jensen 和 Luthans（2006）的研究中，他们在测量心理资本时，均只考虑了希望、乐观和坚韧性三种积极心理状态，强调心理资本是由希望、乐观和坚韧性合并而成的更高层次的核心构念，并没有将自我效能感囊括进去。事实上，自我效能感能够成为魅力型领导与员工反应之间的中间变量，这一点已得到以往研究的支持（Paul et al.，2001）。为此，本章在检验包含三维度的心理资本在魅力型领导与员工行为之间是否具备中介效应的同时，也将单独地检验自我效能感是否具有与心理资本类似的中介作用。因此，我们提出如下假设：

H3：心理资本在魅力型领导与员工角色内行为之间的关系中起到完全中介作用。

H4：心理资本在魅力型领导与员工组织公民行为（包括 OCBI 与 OCBO）之间的关系中起到完全中介作用。

H5：自我效能感在魅力型领导与员工角色内行为之间的关系中起到完全中介作用。

H6：自我效能感在魅力型领导与员工组织公民行为（包括 OCBI 与 OCBO）之间的关系中起到完全中介作用。

（三）组织支持感的中介作用

组织支持感表现的是员工对于组织给予支持的一种知觉（凌文辁、杨海军和方俐洛，2006）。最早提出这一概念的 Eisenberger 发现，当员工感知到组织给予自身的支持时，会受到鼓舞与激励，从而在工作中有更好的表现。近些年来的研究发现，组织支持感对于员工的工作态度（如组织承诺）和角色内、角色外行为等都存在显著的影响。具体而言，Chen、Aryee 和 Lee（2005）的研究说明，组织支持感可以更好地促进员工完成角色内行为，而 George 和 Brief（1992）认为，组织支持感有助于员工表现出更多的角色外行为。原因在于，感受到组织支持的员工，基于社会交换理论中的互惠原则，通常会选择表现出组织公民行为或其他有利于组织的角色外行为作为对组织的回报。

Rohades 和 Eisenberger（2002）对员工组织支持感的前因因素进行了详细的综述，并通过元分析发现能够影响员工组织支持感的主要因素是组织公平、组织奖赏、领导支持和良好的工作条件。其中，领导支持无疑是影响员工组织支持感的一个重要因素。根据组织拟人化的观点，在员工个体的认知范畴内，领导者是整个企业组织的代理人，因此员工会把领导者的态度和行为看作企业组织的信号。即当领导者表现出对于员工的关心、支持和帮助时，员工便会感受到较强的组织支持感；反之，当领导者对员工的工作漠不关心、不予支持甚至是冷嘲热讽时，员工的组织支持感则会显著降低。

从本质上看，魅力型领导区别于传统领导方式的关键点在于充分重视员工在组织中的作用和角色。传统领导风格往往将下属视作接受领导指令、机械地进行工作的被动主体，领导影响下属的方式主要依赖于带有强制性色彩的指令；而魅力型领导充分重视到员工的主观能动性，影响下属的主要方式是与员工共享组织的宏大愿景，并期望通过员工的高水平努力实现这一愿景（Beyer，1999；Shamir et al.，1994）。与此同时，魅力型领导强调对于员工情感和需求的关切（Conger & Kanungo，1998）。对领导者表现出的激励和关怀，下属很容易将其知觉为领导者乃至整个组织对自身的支持，即感受到较高水平的组织支持感。由此，提出以下假设：

H7：组织支持感在魅力型领导与员工角色内行为之间的关系中起到完全中介作用。

H8：组织支持感在魅力型领导与员工组织公民行为（包括 OCBI 与

OCBO）之间的关系中起到完全中介作用。

综上所述，本章的研究模型如图4-2所示。

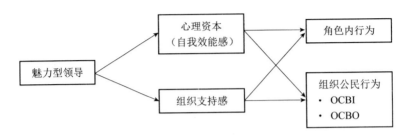

图4-2　本章的研究模型

三、研究方法

（一）样本与调查程序

本章采用问卷调查方法进行。问卷主要包括两部分：第一部分是员工对所在单位领导者领导风格的考察，第二部分则是员工自身有关状况的评估。研究样本主要来自在北京、四川、天津等地工作的企业员工。在一次企业内部的员工培训中，研究者现场发放调查问卷150份，现场回收有效问卷80份。此外，通过网络、电子邮件形式向在企业工作的同学和朋友发放电子版研究问卷150份，回收有效问卷126份。之后，研究者剔除了表现出明显的反应一致性倾向和缺失过多的个案，得到用于最后统计分析的样本量为195，问卷有效回收率为60.5%。

在这一员工样本中，女性比例略高于男性（女性占比达57.5%），员工主体为40岁以下的中青年员工（其中30岁以下的员工占58.8%，31~40岁的员工占27.8%），有51.6%的员工在本单位工作1年以上，32.3%的员工在本单位工作超过5年。从职位层级分布来看，我们调查的样本主要是普通员工或基层管理者，占比分别达69%和17.1%。

（二）测量工具

为确保研究工具具有较好的信度和效度水平，本章主要采用以往研究中得到较广泛使用和认可的研究量表，并根据本章研究目的加以适当修改。在本章中，魅力型领导、心理资本、角色内行为、组织公民行为和组织支持感主要采用的是以往研究中开发、验证和使用过的成熟量表。由于这些测量工具均是从西方文献中翻译而来，为了确保问卷表述的质量，首先由熟悉组织行为学和领导学研究的一位博士研究生，在参考部分已有的中文译本基础上对所有问卷进行翻译，之后请另外三位管理学专业的博士研究生对问卷翻译的质量进行审核和修改。最后，笔者邀请一位组织行为学的教授协助对所有问卷表述进行审订和修改，以确定最佳译法。在问卷正式发放之前，我们邀请若干位管理学专业的博士研究生和一些企业员工进行了问卷的预填写，并根据他们的反馈对问卷在设计和表达上进行了修订与完善。

魅力型领导。采用 Conger 和 Kanungo（1997）开发的 20 题项魅力型领导量表测量魅力型领导。该量表的可靠性和信效度水平得到了国内外一系列实证研究的支持（Conger et al.，1997，2000；吴维库等，2008；张伟明和夏洪胜，2011），因而应用较为广泛。该量表共有五个维度，包括愿景及表达、环境敏感性、非常规行为、个人冒险、员工需求敏感性。本问卷中对所有题项都采用李克特（Likert）六点法进行测定，"1"表示非常不符合，"6"表示非常符合。在本章研究中，该量表的 Cronbach's α 值为 0.932，大于管理学研究中 0.7 的要求。

角色内行为。采用 Williams 和 Anderson（1991）开发的角色内行为量表。共包含 7 个题项，典型条目如"我会尽到职位说明书中所涉及的工作职责""我会完成公司期望我做的任务"等。在本章研究中，该量表的 Cronbach's α 值为 0.781，其信度水平达到管理学研究的要求。

组织公民行为。采用 Williams 和 Anderson（1991）开发的组织公民行为量表，包括指向组织的 OCB 与指向个体的 OCB 两个分量表，分别包含 7

个题项。在本章研究中，两个分量表的 Cronbach's α 值分别为 0.767 和 0.783，信度水平均达到管理学研究的要求。

心理资本。采用 Luthans 等（2005）使用的心理资本量表。该量表共包含 30 个题项，典型条目如"在不确定的情况下，我通常会期望最好的结果""我总是对我的未来充满乐观""受惊吓之后，我会迅速地恢复过来"等。在本章研究中，该量表的 Cronbach's α 值为 0.913。此外，我们采用 Chen、Gully 和 Eden（2001）开发的自我效能感量表来测量自我效能感。该量表共包含 8 个题项，典型条目如"我有能力完成我为自己设定的大部分目标""我相信我可以在很多不同的任务上表现得很好"等。在本章研究中，自我效能量表的 Cronbach's α 值为 0.915，其信度水平达到管理学研究的要求。

组织支持感。采用 Rhoades 和 Eisenberger（2002）的组织支持感量表。该量表共包含 8 个题项，典型条目如"公司重视我的贡献""公司为我工作中的成就而感到骄傲"等。在本章研究中，该量表的 Cronbach's α 值为 0.746，信度水平达到管理学研究的一般要求。

本章将员工的人口统计学变量作为控制变量考虑，主要包括员工的性别、年龄、在本单位的工作年限和在本单位的职级。

四、数据分析与结果

表 4-1 给出了各个变量的均值、标准差及各变量之间的相关系数。由表 4-1 可知，魅力型领导与员工角色内行为（$r = 0.19$, $p < 0.01$）、指向个人的组织公民行为（$r = 0.27$, $p < 0.001$）和指向组织的组织公民行为（$r = 0.26$, $p < 0.001$）显著正相关。同时，员工的心理资本水平与角色内行为（$r = 0.39$, $p < 0.001$）和两类组织公民行为（$r = 0.63$, $p < 0.001$; $r = 0.44$, $p < 0.001$）显著正相关，员工感知到的组织支持感也与角色内行为（$r = 0.35$, $p < 0.001$）和组织公民行为（$r = 0.36$, $p < 0.001$; $r = 0.57$, $p < 0.001$）显著正相关。

表 4-1 各变量的均值、标准差与变量间相关系数

变量名	1	2	3	4	5	6	7	8	9	10	11
1. 魅力型领导											
2. 角色内行为	0.19**										
3. 指向个人的 OCB	0.27***	0.35***									
4. 指向组织的 OCB	0.26***	0.55***	0.50***								
5. 心理资本	0.49***	0.39***	0.63***	0.44***							
6. 自我效能感	0.36***	0.51***	0.46***	0.35***	0.75***						
7. 组织支持感	0.46***	0.35***	0.36***	0.57***	0.38***	0.39***					
8. 性别	-0.05	-0.01	0.16*	0.20**	0.14	0.07	0.16*				
9. 年龄	-0.004	-0.29***	-0.12	-0.34***	-0.16*	-0.18*	-0.26***	-0.11			
10. 工作年限	-0.07	0.09	0.04	-0.11	0.02	0.08	-0.11	-0.10	0.46**		
11. 所在职级	0.08	0.02	-0.10	-0.03	-0.03	0.04	0.17*	0.09	0.25**	0.21**	
均值（M）	3.70	4.39	4.00	3.97	4.05	4.47	3.45	0.42	1.56	2.32	1.47
标准差（S.D.）	0.88	0.69	0.72	0.87	0.60	0.67	0.81	0.50	0.75	0.92	0.77

注：N=195；* 表示 $p<0.05$，** 表示 $p<0.01$，*** 表示 $p<0.001$（皆为双尾检验）。

由于本章中的变量都是由员工自我汇报产生，我们进行 Harman 单因素检验，以对共同方法偏差的存在状况进行检验（Podsakoff et al., 2003）。对本章中所有的变量进行探索性因子分析，观察未旋转的因子分析结果（周浩和龙立荣，2004）。我们发现，因子分析共旋转出 20 个特征根大于 1 的因子，并且能够反映共同方法偏差的第一个因子解释了 21.02% 的方差变异（表格省略），不占大多数。这一结果表明研究样本中的同源误差问题不严重。

本章采用层级回归方法来检验主效应和中介效应假设，分析结果如表 4-2、表 4-3 所示。根据 Baron 和 Kenny（1986）的建议，中介效应的存在需要满足以下几个条件：①主效应显著，即自变量对因变量存在显著影响；②自变量对中介变量存在显著影响；③中介变量对因变量存在显著影响；④自变量与中介变量同时进入回归方程解释因变量时，中介变量的效应显著且自变量的效应消失或者减弱。若自变量的显著效应消失，则中介变量起到完全中介作用；若自变量的显著效应减弱，则中介变量起到部分中介作用。根据表 4-2，在控制了有关人口统计学变量的情况下，自变量魅力型领导对于因变量角色内行为（模型 1，$\beta = 0.20$，$p < 0.01$）、指向个人的组织公民行为（模型 5，$\beta = 0.28$，$p < 0.001$）和指向组织的组织公民行为（模型 9，$\beta = 0.25$，$p < 0.001$）均存在显著的正向影响，这支持了本章中的假设 H1 和假设 H2。

在加入中介变量心理资本之后，魅力型领导对于角色内行为的影响不再显著（模型 2，$\beta = 0.05$，n.s.），而心理资本则对角色内行为具有显著的影响（模型 2，$\beta = 0.28$，$p < 0.01$），同时魅力型领导对于心理资本也存在显著的影响（模型 14，$\beta = 0.52$，$p < 0.001$）。由此，心理资本完全中介了魅力型领导与员工角色内行为之间的正向关系，本章的假设 H3 得到了支持。类似地，心理资本还完全中介了魅力型领导与员工指向个体的组织公民行为以及指向组织的组织公民行为之间的关系，假设 H4 得到支持。此外，自我效能感和组织支持感在魅力型领导与员工工作行为之间的中介效应也得到了验证，假设 H5~假设 H8 均得到支持（自我效能感在魅力型领导与指向组织的组织公民行为之间起到部分中介的作用）。

表4-2　主效应与中介效应的层级回归结果

	变量	角色内行为					指向个人的组织公民行为			指向组织的组织公民行为			
		模型1	模型2	模型3	模型4	模型5	模型6	模型7	模型8	模型9	模型10	模型11	模型12
控制变量	性别	0.02	-0.03	-0.02	0.13	0.14	0.04	0.10	0.11	0.18*	0.14*	0.15*	0.13*
	年龄	-0.42***	-0.36***	-0.31***	-0.20**	-0.12	0.00	-0.02	-0.04	-0.33***	-0.27**	-0.28**	-0.20**
	工作年限	0.29***	0.24**	0.19*	0.08	0.17*	0.04	0.07	0.16*	0.09	0.03	0.04	0.08
	所在职级	0.04	0.07	0.04	-0.11	-0.17*	-0.11	-0.18*	-0.24**	-0.01	0.02	-0.01	-0.11
自变量	魅力型领导	0.20**	0.05	0.05	0.05	0.28***	-0.06	0.13	0.14	0.25***	0.10	0.19*	0.05
中介变量	心理资本		0.28**				0.66***				0.31***		
	自我效能感			0.41***				0.41***				0.19*	
	组织支持感				0.47***				0.31***				0.47***
	R^2	0.18	0.23	0.32	0.35	0.13	0.43	0.26	0.19	0.19	0.27	0.22	0.35
	ΔR^2	0.04**	0.05**	0.14***	0.15***	0.08***	0.30***	0.13***	0.06**	0.06**	0.07***	0.03*	0.15***
	F	7.44	8.43	13.00	14.83	4.88	20.80	9.80	6.73	8.00	10.13	7.98	14.83

注：N=195；* 表示 $p<0.05$，** 表示 $p<0.01$，*** 表示 $p<0.001$（皆为双尾检验）。

表4-3 魅力型领导对各中介变量的层级回归结果

	变量	心理资本		自我效能感		组织支持感	
		模型13	模型14	模型15	模型16	模型17	模型18
控制变量	性别	0.14	0.17*	0.10	0.11	0.10	0.12
	年龄	-0.19*	-0.19**	-0.27**	-0.27**	-0.29***	-0.29***
	工作年限	0.14	0.19*	0.21*	0.24**	-0.02	0.03
	所在职级	-0.04	-0.09	0.05	0.01	0.25**	0.20**
自变量	魅力型领导		0.52***		0.35***		0.45***
	R^2	0.054	0.317	0.074	0.196	0.134	0.329
	ΔR^2	0.054*	0.263***	0.074*	0.123***	0.134***	0.195***
	F	2.436	15.809	3.416	8.315	6.637	16.781

注：$N=195$；* 表示 $p<0.05$，** 表示 $p<0.01$，*** 表示 $p<0.001$（皆为双尾检验）。

五、讨论与总结

作为一种社会群体现象，魅力型领导近年来在西方管理学界颇受重视（Antonakis et al.，2016；Balkundi，Kliduff & Harrison，2011），其中一个重要的议题就是考察魅力型领导对于员工个体和组织所产生的影响。相对来说，国内有关魅力型领导的实证研究在数量上还比较有限。由于中国社会具备高权力距离、权威崇拜的文化特征，魅力型领导现象在中国企业中可能会更加明显地出现（田喜洲和孙晋宇，2010）。本章在中国情境下考察魅力型领导对于员工行为的效用和影响机制，是对魅力型领导理论进一步纵深发展的一个重要推动和补充。

本章通过开展实证研究，在中国员工样本中检验了魅力型领导与员工角色内行为和组织公民行为之间的关系，并且考察了这一关系的内在机制。实证结果表明，魅力型领导能够积极地影响员工的角色内行为与组织公民行为，并且这种影响是通过心理资本和组织支持感的中介作用得以实现的。

以上分析表明，魅力型领导能够通过影响员工的心理状态来对工作行为产生影响。一方面，心理资本的中介效应表明，魅力型领导能够通过与下属的互动，向下属传递积极的心理能量，并帮助下属实现和维持自信、乐观、希望和韧性的心理状态。这些积极的心理能量会成为员工个体的竞争优势，并在员工的工作行为中得以反映。他们会主动积极地投入到自身的本职工作中去，通过更好地完成组织规定的角色行为贡献于组织目标的实现。同时，积极的心理资本作为员工的一笔无形财富，也会驱使他们在组织中表现出更加主动的行为，例如承担自身工作角色之外的行为，即组织公民行为。因此，魅力型领导对员工工作行为产生影响的过程，可以看作一个互惠式的投资—回报过程：领导者对员工进行心理投资，发展员工的心理资本，而员工心理资本水平的提高又会通过更加积极的工作行为回馈于领导者及企业的发展。另一方面，魅力型领导的行为表现具有很强的象征意义。对于员工来说，魅力型领导者的一言一行表征了整个企业所持有的态度。当员工感受到企业支持、认可和肯定他们的工作时，他们会形成强烈的认同感，从而愿意表现出更高水平、更加积极的工作行为。而企业本身并非一个人格化的主体，企业的态度和倾向需要借助领导者表现出来。基于这一视角，魅力型领导者应当更好地承担起企业代言人的角色，更好地向下属传递支持鼓励的积极信号，从而会使下属感知到企业对于他们的支持。上述两方面分别折射出魅力型领导承担的心理投资者和企业代言人这两种角色，这两种角色也是魅力型领导能够对下属产生影响的两条重要路径。明晰这两条影响路径的存在和特征，可以帮助我们更加深入地考察魅力型领导理论。

此外，心理资本和组织支持感这两条路径之间是否具有一定的关系呢？田喜洲和孙晋宇（2010）的研究表明，组织支持感可以通过心理资本的中介作用而对员工的工作行为产生影响。在我们的研究样本中，我们也进行了相应的检验。结果发现，在控制主要人口统计学变量的情况下，组织支持感能够显著地影响心理资本（$\beta = 0.38$，$p < 0.001$），并且心理资本能够部分地中介组织支持感与员工工作行为之间的积极关系。这一结果部分地印证了田喜洲等（2010）的研究成果，同时也表明本章所揭示的魅力型领导影响员工工作行为的两条中间路径之间存在密不可分的联系。由于本章选取的是横截面数据，故对于两者之间的因果关系难以进行有效的专门讨论，有待在今后的研究中进一步予以考察。

在当前的商业环境下，企业的持续发展越来越离不开全体员工的共同努力。与此同时，随着知识性员工、新生代员工成为员工主体，如何更好地激励这些员工成为企业领导者必须面对的重要问题。本章研究表明，心理资本对于员工行为的积极影响及心理资本在魅力型领导与员工工作行为之间的中介关系启示我们，企业领导者应当重视对员工的心理投资，将员工的心理资本看作企业竞争发展的关键性资源。具体来讲，领导者需要在领导活动中重视对下属的体恤和关怀，同时要关心下属的心理健康状况，在组织水平上创造条件发展员工的心理资本。

本章研究还说明了员工的组织支持感所具有的重要价值。这对于改善领导方式和激励员工同样具有重要启示。一段时间以来，我们的企业管理者更倾向于使用成果和目标来激励员工，以实现目标带来的奖励吸引员工为之努力。相应地，对于员工的鼓励、支持和肯定，尤其是情感上的支持比较欠缺（仲理峰，2007b）。根据本章研究的结果，当员工感受到组织支持时，他们会更加积极地投身于角色内行为与组织公民行为之中。这无疑启示企业领导者，一方面要切实通过制度政策的制定、落实和执行为员工工作提供支持；另一方面也要通过直接或间接的沟通方式使更多的基层员工能够感受到组织给予的支持。这对于激励员工更加自觉主动地为企业发展做出贡献具有重要的现实意义。

本章研究虽然得到了一些有意义的结论，但也存在一定的局限性。首先，所采用的变量测量工具都是在西方文化情境下发展的成熟量表，虽然其有效性已经在已有的中西方研究中得到了支持，但更恰当的方式是选用和开发具有本土文化特征的测量工具，或者根据本土情境对已有量表进行修订。其次，本章研究采用的是横截面数据，因此无法证明魅力型领导、心理资本等与员工工作行为之间的因果关系。今后有必要开展追踪式的纵贯研究，以获得更具解释力的证据。最后，即便我们已经在问卷与统计过程中进行了一定的处理，数据收集过程中的同源偏差也可能导致变量之间的高相关。

第五章

内隐理论视角下的追随研究[①]

  尽管 Uhl-Bien 等学者直到 2014 年才在《领导力季刊》（*Leadership Quarterly*）上发表了有关系统性开展"追随理论研究"的文章，但中外学者有关"追随理论"的探讨研究事实上却早在几年前就开始散布在不同的领域和主题中。其中，发展相对较为成熟、文章数量最多，也逐渐获得了一批学者认同的就是内隐理论视角下的追随研究。基于内隐理论开展的追随研究，与内隐领导理论（Implicit Leadership Theories，ILT）的研究一脉相承。内隐领导理论的发展和相关研究已经历经三四十年的发展（Lord，Foti & De Vader，1984；Lord & Maher，1991），在理论逻辑和实证测量方面逐渐明晰，也积累了众多的研究成果。可以说，将内隐领导理论进行迁移发展出的内隐追随理论，既能够以一个相对较为成熟的理论视角来看待追随现象，也有助于在同一个语言和理论体系下同时考察领导和追随问题。

  在本章中，我们重点探讨如下几个方面的内容：首先，内隐领导理论的基本内涵与理论逻辑是什么。这是我们借助内隐视角来认识追随的起点。其次，内隐追随理论目前有哪些最新进展。再次，我们将在中国情境

---

  ① 本章部分内容来自袁颖洁，罗文豪（2012）. 从儒家"理想人"模型看西方内隐领导（下属）理论的本土化发展——一项比较研究. 第三届工程与商业管理（EBM）国际学术会议论文集，1-5. 相关内容著作权归两位作者共同所有。

下，结合中国传统的儒家思想，探讨内隐领导理论和内隐追随理论在中西方文化情境下的差异。最后，内隐理论在认识追随问题和构建追随理论上解决了哪些问题，又有哪些问题尚未给出很好的回答。

一、内隐领导理论

内隐理论起源于认知科学，是指个体记忆系统中存在对某类事物应具备特征的信念和期望，这种期望原型会影响个体的感知和行为。在个体的认知过程中，内隐理论和外显理论相对应。其中，外显理论往往是指过往科学研究已经揭示出来的理论学说和体系，个体有意识地习得后为自己所用；相对应地，内隐理论则往往是由个体在自身的生活、学习、工作过程中逐步形成和发展起来的一些认知模式，它一旦形成之后也具有较强的稳定性，会强烈地影响个体如何看待外部世界。由此可见，内隐理论可以在众多领域中广泛应用，不同的个体之间在内隐理论上也可能存在很大的个体差异。

事实上，内隐理论最初被引入领导研究是为了解决领导测量过程中的差异性问题（Eden & Leviatan, 1975），即下属在评价领导者时真正的参照对象是什么，随后的发展则被学者作为理解领导过程中的重要心理变量（Meindl, 1995），并引申出对内隐领导和内隐追随等概念的讨论。

内隐领导理论是指个体持有的关于领导者应具备的特质或行为的期望和信念，其形成源于个体的社会化过程和相关经验。而领导原型（Leadership Prototype）是内隐领导理论中的核心概念。所谓原型，是指一类事物范畴中最具代表性的特质的抽象集合。个体对领导的期望和信念构成个体的领导原型（Lord, Foti & Phillips, 1982）。Lord 和 Maher（1993）研究发现，内隐领导是个体在上下级互动中解读领导行为和采取应对行为的重要依据。简言之，内隐领导理论反映了下属个人（或者群体）心理世界中对于理想领导者或者有效领导者的期望，进而也就成为下属们感知和理解领导行为的参照标准。当所面临的领导者的特质或行为更加符合内隐领导理论中的理想原型时，下属便会更为认可和接纳领导者，并做出积极的心理和行为反应；反之，当真实的领导者与内隐领导理论中的理想原型相去甚远时，下属的心理和行为反应就更可能表现出消极特征。内隐领导理论的提出为学者揭示领导过程的心理机制提供了新的视角，由此开始探索内隐领导原型的具体内容及其在领导过程中的形成和影响等问题。

在内隐领导理论的内容结构上，学者普遍认为内隐领导具有领导原型和领导非原型（Leader Antiprototype）两部分。其中，领导原型指的是下属期望领导者应具备的特征与行为，而领导非原型则是下属所不期望面对的领导特征与行为。Lord 及其同事通过对学生样本的调查分析，得出 59 个领导者特征，归为原型和非原型两大类（Lord, Foti & De Vader, 1984）。但是，这一调查的样本特征和原型特征的数量限制了该量表在领导研究中的广泛运用。与之相对，Offermann、Kennedy 和 Wirtz（1994）在员工样本基础上提出的内隐领导模型更被认可。他们同样认为下属的内隐领导包括领导原型和领导非原型两类，其中领导原型包括敏感性（Sensitivity）、奉献（Dedication）、魅力（Charisma）、吸引力（Attractiveness）、智力（Intelligence）、力量（Strength）六个因素；而领导非原型则包括暴政（Tyranny）和大男子主义（Masculinity）两个因素。Epitropaki 和 Martin（2004）在 Offermann 等的基础上进一步发展了这一内隐领导结构，认为领导原型包括智力、奉献、敏感性和活力（Dynamism）四个因子，而领导非原型仍然包括暴政和大男子主义这两个因素。

在中国情境下，本土学者也针对内隐领导的结构进行了相应的研究。较有代表性的是凌文辁、方俐洛和艾尔卡（1991）的研究，他们从内隐领导的内涵出发，主张内隐领导理论的结构受到文化情境特征的影响。通过研究，他们发现中国人的内隐领导理论的内容包括"个人品德""目标有效性""人际能力""多面性"四个因素，这与西方的内容结构有较大的差异。特别是中国学者所研究的内隐领导理论其实只包含了西方学者所强调的正面原型，而对于"非原型"并没有进行独立的考察。十余年之后，林琼、凌文辁和方俐洛（2002）进一步研究表明，中国人心中的内隐领导仍由上述四个因素构成，但四因素的方差、信度、排序和具体的测量项目已经发生了显著变化，从而表明社会文化变迁也对内隐领导理论的内容产生了一定的影响。

可以看到，对内隐领导的研究集中在下属而非领导者的领导原型上。这一思路遭到部分学者的批评。批评意见主要集中在以下两种观点上：一方面，内隐领导理论的本质仍是从下属出发的"领导者"研究而非"下属"研究，并未从根本上解决领导研究中对下属这一重要参与者的忽视问题（Carsten，Uhl-Bien，West，Patera & McGregor，2010）。在内隐领导研究中，下属仍然扮演着消极而非积极主动的角色。另一方面，领导过程的研究既不能偏向领导者也不能偏向下属，而是应该在互动过程的分析中既要考虑下属的心理原型，也要考虑领导者的心理原型。由此，一些学者提出内隐追随理论（Implicit Followership Theories，IFTs）并逐渐得到发展。

二、内隐追随理论及其最新进展

De Vries 和 Van Gelder（2005）在探讨内隐领导理论的同时，也提出了内隐追随理论的概念，他们认为，内隐追随理论体现了追随者（或者是下属）对于领导—追随关系的期望，其核心内涵是追随者对于领导的需求。在此之后，Sy（2010）对内隐追随理论进行了发展，将其含义从"对于关系的期望"具体化为"对追随者特质的期望"。这样一来，内隐追随理论和内隐领导理论之间就具有了高度的相似比照性。在 Sy（2010）看来，内隐追随理论的本质是个体记忆系统中有关于追随力的认知结构和原型，这一原型是在长期的社会化经历和领导—追随活动经验的基础上，经由长时间的认同和内化过程而相对稳定下来的。分析这一定义，我们可以注意到以下几点：一是内隐追随理论既可以存在于领导者的认知世界中，也可以存在于追随者的认知世界中，即无论领导者还是追随者都会建构有关"追随者"的认知原型；二是内隐追随理论与内隐领导理论相似，既包括"何为好的追随者"的原型，也包括"何为不好的追随者"的反原型；

三是内隐追随理论作为认知世界的一部分，有其形成的情境条件。领导者或是员工处在不同的领导—追随互动情境中，便会倾向于形成不同内容的内隐追随理论。

在有关内隐追随理论的内容结构上，Sy（2010）发现内隐追随的结构与内隐领导的结构类似（见表5-1），既包括追随原型（Followership Prototype），也包括追随非原型（Followership Antiprototype）。其中，追随原型包括勤勉（Industry）、热忱（Enthusiasm）、好公民（Good Citizen）三个维度；追随非原型则包括从众（Conformity）、反抗（Insubordination）、不称职（Incompetence）三个维度。Sy（2010）所提出的这个内隐追随理论二阶因子结构共包含18道题项，也在之后的实证研究中得到最为广泛的应用。

表5-1　内隐领导模型与内隐追随模型

内隐领导模型		内隐追随模型	
领导原型	智力 奉献 敏感 活力	追随原型	勤勉 热忱 好公民
领导非原型	暴政 大男子主义	追随非原型	从众 反抗 不称职

资料来源：Sy, T. What Do You Think of Followers? Examining the Content, Structure, and Consequences of Implicit Followership Theories [J]. Organizational Behavior and Human Decision Processes. 2010 (113)：73-84.

在此之外，其他一些学者也对内隐追随理论的结构展开了探讨。例如，Yip（2013）认为，内隐追随包含了动机和能力两个维度。Derler 和 Weibler（2014）则从特质和行为两个方面来测量内隐追随理论。Carsten 等（2010）基于质化方法研究发现，存在不同的"追随者角色原型"。他们在大学生样本中进行了大规模开放式问卷调查，得出三类"追随者原型"：①消极观（Passive，占39%的被试），认为追随者就是遵守和执行命令、顺从领导者，并对领导者的命令保持忠诚和支持；②积极观（Active，占32%的被试），认为追随者应该在被领导者要求时提供意见，但不管是否同意领导行为都应保持顺从和忠诚；③主动观（Proactive，占29%的被试），认为追随者更应是领导者的工作伙伴而非从属者，随时向领导者提供建设性的，甚至是挑战性的意见和行为。Carsten等（2010）的研究提出了追随者原型是从被动到积极主动的一个连续体，且三类不同的原型之间比例大致相当，构成了一个"三分天下"的格局。不过，她们的研究主要是基于质化方法展开，并没有开发出一个考察不同追随者原型的测量工具，这也使后续的相关实证研究较为匮乏。

在中国情境下，学者也开始对内隐追随理论的结构展开探讨，并试图发现具有中国文化特色的内隐追随理论。事实上，即便是 Sy 本人也指出，他们所开发的内隐追随问卷可能不具有跨文化的普适性，呼吁其他文化情境下的结构探索。孔茗和钱小军（2015）在应用 Sy 所开发量表中的追随原型进行测量时，也发现该量表在中国员工样本中的信度系数较低。为此，祝振兵和罗文豪（2017）首先通过访谈 57 位基层以上的团队领导者获取到总计 651 条原始项目，之后通过筛选和合并同类获得了 48 个项目。在一个包括了 254 位员工的样本中，探索性因子分析得出了三因子九项目的内隐追随原型结构，其三个因子分别命名为"好公民""工作能力强""工作态度好"。在另一个新的包含 191 名员工的样本中，验证性因子分析表明，这个二阶三因素结构有着较好的结构效度、汇聚效度和区分效度。这项研究表明，内隐追随理论在中西方文化背景下有着一定的跨文化相似性，突出体现在对忠诚、可靠、工作勤奋和工作效率的强调。同时，"尊重领导"则是中国组织情境下一个独特的内容，这与中国社会文化中较高的权力距离不无关系。

另一项旨在开发本土内隐追随理论量表的工作由郭衍宏和兰玲（2017）完成。她们同样遵循和采取了较为规范的量表开发程序，最终开发得到了一个包括 5 个因子、15 个题项的本土内隐追随理论量表。该量表中的 5 个因子分别为勤勉、服从、进取、情商、公民行为。在这一结构中，较为创新的两个因子分别是"进取"和"情商"。其中，"进取"因子既强调思想和行动过程中的主动性，也强调结果导向，即产生能够有助于组织发展的结果，这与中国社会中的实用理性价值观不无关系；"情商"因子中既包含了对于自我情绪的控制，也包含了对于领导和同事意图的准确领会。"情商"因子一方面与中国社会中对于人际和谐的强调息息相关，另一方面也体现了中国社会和组织情境下领导者—追随者关系存在较高的模糊性，领导者往往期待追随者能够准确且不言自明地领会他们要表达的内容。综合来看，这一个五因子结构虽然体现出一定的中国文化特色，但在整体内容上仍然与西方的内隐追随理论研究结果差异不大。

最近，王弘钰和李云剑（2018）基于形成性指标的维度构建办法，在梳理构念基础及内容的前提下，通过开展开放式问卷并基于条目的质性分析，得出了中国情境下内隐追随理论的另一个结构模式。他们提出的三个维度分别是工作能力、真诚拥护及以和为贵，每个维度分别包含三个题目。其中，"真诚拥护"特别反映出儒家文化长期影响下中国组织情境中对于上级领导的拥护，这也成为多数组织成员对"好员工或好下属"的期待内容；而"以和为贵"也与西方组织中较为推崇个人主义和竞争氛围有所不同，更为强调在群体和集体中形成一种仁爱、包容的和谐关系和氛围，反映了组织成员对于"好员工或好下属"在人际关系上的期待。

除了试图在本土情境下对内隐追随理论的结构进行探索之外，研究者重点关注领导者或是追随者自身的内隐追随理论能够对追随者个人、领导者和组织产生什么样的影响。杨红玲和彭坚（2015）将内隐追随理论的后果分为近端影响和远端影响两类，并认为有不同的心理作用机制存在。孔茗和钱小军（2015）在企业员工中开展实证研究发现，领导者积极的内隐追随理论与员工的角色内工作行为和角色外的组织公民行为均正相关。换言之，当领导者对于追随者抱有更为积极的看法时，员工的工作表现亦会更佳。更进一步地，这种积极关系是通过领导—成员交换关系的中介作用和心理授权的调节作用得以实现的，这一研究因而也从社会交换理论的角度为内隐追随理论的结果提供了证据。

近年来，内隐追随研究中另一个值得关注的研究领域是基于"匹配"视角所开展的领导与追随研究。由于领导力与领导者和追随者之间的互动密不可分，"匹配"视角为理解领导者和追随者两者之间的关系提供了一个较为直接的观察角度。从内隐追随理论的内涵出发，其中涉及多种不同类型的匹配：①领导者心中的内隐追随理论与追随者心中的内隐追随理论之匹配，即领导者和追随者对于"追随者应该如何"这一问题是否有一致的认识；②追随者心中的内隐追随理论与他们实际表现出的追随特质及行为是否一致，即自身外显追随与内隐追随是否"表里如一"；③领导者心中的内隐追随理论与追随者实际表现出的追随特质及行为是否一致，即追随者的所作所为是否符合领导者心中的期待。在上述三种匹配类型中，第一种匹配反映了领导者和追随者之间的"相似性匹配"，而后两种匹配则是内隐追随理论和外显追随特质及行为之间的"互补性匹配"，其中第一种和第三种匹配成为目前主流研究的关注重点，而对于第二种匹配的关注还相对较少。

一方面，领导者和追随者之间追随原型的一致性（或者是相似性匹配程度）会对于领导者和追随者的行为与态度产生影响。当领导者和追随者双方对于追随原型的认识保持一致时，双方更可能促使自己的行为表现符合彼此的内心期望，彼此间的信任和支持水平会得以提升，相应的合作行为也会产生，从而能够导致更为积极的工作产出。例如，彭坚和王霄（2016）的研究实证检验了领导者—追随者追随原型一致性对于下属工作投入和工作绩效的影响。基于64个工作团队的研究发现，领导者和追随者双方的追随原型越一致，员工的关系绩效水平（包括人际促进和工作奉献）会越高，但影响因素更为复杂的任务绩效并不会相应提高。在一致情况下，任务绩效和关系绩效在追随原型"高—高"匹配时要比"低—低"匹配时更高；而在不一致的情况下，员工的任务绩效和关系绩效在"领导者的追随原型低、追随者的追随原型高"时要更高。最后，工作投入中介了追随原型一致性与任务绩效及关系绩效之间的关系。

同时，领导者和追随者在追随原型上的一致性除了影响员工工作产出之外，也会对领导者采取什么样的领导方式产生影响。彭坚、冉雅璇、康勇军和韩雪亮（2016）的研究就考察了领导者和追随者在积极追随原型上的匹配程度与领导者授权行为之间的联系。领导者和追随者两类行为主体，在积极追随原型上可以形成高低不同的四种情形，其中包括两种匹配（高—高和低—低）和两种不匹配的情形（高—低及低—高）。基于多项式回归与响应面分析方法，他们的研究发现，领导者和追随者在积极追随原型上的匹配程度与领导者授权行为正向相关，即两者对于"理想下属"的认识越一致，领导者越可能做出授权行为；进而，同为匹配的情形，高—高匹配要比低—低匹配更可能激发领导者表现出更高水平的授权行为。这一结果意味着，当领导者和追随者对于积极追随原型的期待值都较高时，领导者会以更加授权和鼓励的方式来面对追随者。

另一方面，当我们考察领导者追随原型和追随者追随特质或行为之间的"互补性匹配"时，两者之间的匹配程度除了带来积极效果之外，也可能会对员工的行为与态度带来"双刃剑"效应。显然，追随者的追随特质符合领导者的内隐追随原型会得到领导者的认可与支持，从而为他们在工作中提供更多的便利性和发展机会。例如，正如祝振兵、罗文豪和曹元坤（2017）等所发现的那样，领导者追随原型与追随者追随原型之间的匹配与领导者评价的领导—成员交换关系正相关，即更高的匹配会带来与领导者之间更高质量的互动关系。然而，符合领导者的预期在特定条件下也会成为一种工作负担，领导者的高期待会转化为追随者的心理负担，而这会成为追随者工作中的抑制性因素。基于工作资源—要求模型，彭坚和王震（2018）的最新研究为上述"双刃剑"效应提供了重要的实证证据。他们的研究模型指出，领导者追随原型和下属追随特质匹配既可能会带来"远离幸福的负担之路"，也可能会引发"迈向幸福的赋能之路"。具体而言，他们发现，当下属的追随特质契合领导者的追随原型时，下属既可能因为更高的工作负担而出现较高的情绪耗竭、较低的情感承诺和低工作满意度，也可能会因为感受到更高的自我效能感而收获高水平的工作满意度。当然，究竟领导者与追随者之间的互补性匹配在何种情况下更可能带来促进作用，而在何种情况下又会导致员工的更高工作压力和衰竭感，未来研究还需要进一步明确上述"双刃剑"效应的作用机制和边界条件。

除此之外，领导者追随原型与追随者追随特质之间的匹配程度也会对领导者的行为风格产生影响。祝振兵、曹元坤和彭坚（2017）的研究基于多项式回归和响应面分析，探索了领导者追随原型与追随者追随特质之间匹配对于辱虐管理的影响。研究发现，匹配会比不匹配带来更少的辱虐管理；而在不匹配的情况下，领导者追随原型较低而追随者追随特质水平较高的情况会带来相对更少的辱虐管理行为。从这一研究结果可以推断，领导者会依据他们心中的追随原型，结合追随者实际表现出的追随特质和行为，有所差别地对待不同的追随者。

从上述研究进展来看，内隐追随理论的本土化和匹配视角下的内隐追随研究可以说是当前研究的两大重点话题。在内隐追随理论的本土化测量上，虽然已经形成了几种有所差异的测量工具，但在理论上和测量上都较为可信、受到一致认可的结构和量表还有待进一步探索。而从相关的实证研究来看，当前研究已经不再满足于仅仅探索单一主体的内隐追随理论会产生怎样的影响，而是基于匹配视角来考察两类主体（领导者和追随者）之间在追随原型和追随特质上的匹配会产生怎样的影响。得益于多项式回归分析和响应面分析方法的广泛使用，匹配视角下的内隐追随研究在近年来蓬勃发展，为我们认识领导和追随之间的复杂互动关系提供了一些更为准确的研究发现。

三、内隐领导与内隐追随理论的一项中西比较研究

如前所述，内隐领导和内隐追随理论的研究进入中国后，学者除了引入和借鉴西方的理论、测量和研究成果之外，也都非常重视开展本土化的研究，以求更为准确地反映内隐理论的社会文化性。然而，却少有研究注

意到，中国的传统管理思想中早已蕴含着丰富的内隐领导（追随）思想。在吸收西方内隐领导（追随）理论思想的同时，参照中国传统管理思想无疑有助于本土化领导（追随）理论的构建与发展。因此，本节从传统儒家的管理思想中探寻内隐领导（追随）的观点，以期能为本土化内隐领导（追随）的研究提供比较和思考。需要说明的是，本节之所以以儒家思想而非其他学派或宗教思想作为中国传统管理中"理想领导者（下属）"的理论基础，原因在于儒家思想对中国传统管理的影响比其他各学派和佛教、道教的影响更为广泛和深远一些（朱义禄，2006）。当然，这种比较和参照也仅仅是一个初步的探索，仍有待于在持续的中西对话中加以完善。

（一）儒家管理思想中的"理想人"

内隐领导（追随）的实质是个体的角色信念或期望。在儒家的政治哲学中，充满了大量对领导者特质和行为的理想设定。自先秦原始儒学以来，儒家塑造了圣贤、君子、大人等领导者的理想模型，以表达其对社会最高统治者——君王的内隐期望和信念，又以类似的观念来要求社会的被统治者——臣下和民众。

1. 儒家管理思想中的理想领导者

儒家的理想政治的实质就是研究统治者应该具备什么样的特质和行为的问题。冯友兰在《新原道·新统》中指出："严格地说，只有圣人，最宜于作王。所谓王，指社会的最高的首领……"儒家思想对古代统治者的全部理想可归结为内圣、外王这两点。我国台湾学者韦政通依据《尚书》《论语》《孟子》《荀子》《易传》《大学》《中庸》《大戴礼记》等儒家典籍中对尧、舜、禹、汤、文、武、周公等古代帝王的人格特质的描绘，归纳出只有内圣、外王两种特质为诸帝所共有（韦政通，1988）。"内圣"是指个人的内在修养，是心性修养的止境追求；"外王"则是领导者的外在事功，是社会政治的最高价值。荀子认为："圣也者，尽伦者也，王也者，尽制者也。两进者，足足以为天下极矣。"（《荀子·解蔽》）只有兼两"尽"于一身的"圣王"才是主客观统一的体现，即"尊圣者王"（《荀子·君道》），这是对儒家宣扬的内圣外王的理想领导者的最确切解释。而所谓理想领导者的特质，即是实现"内圣"。那么，"内圣"究竟是怎样的境界呢？儒家的道德理想可以归结为"止于至善"，并进一步归纳为"德""仁"二字。

一是德。圣者尽伦，在儒家看来，内圣是个人品德修养的极致。民国初期，蔡元培、胡适等学者提出中国政治改革的唯一途径在于"好人政府"，认为"好人"宜为社会的最高领袖，这一主张反映了传统儒家思想中对理想领导者的信念，即内圣外王的"好人"特质。儒家主张"德治"为统治之本，强调"以德治国"，道德既是理想领导者的首要特征，也是最根本的理想特征。《大学》作为历代统治者的"帝王之学"，"修齐治平"之道中以修身为本。《大学》将社稷安危系附于君王的道德品质上，认为理想的君王应具有很高的道德修养。唐太宗告诫太子李治："奉先思孝，处后思恭，倾己勤劳，以行德义，此为君之体也。"在儒家主导的社会体系中，无论是之于统治国家的君王，还是在家庭和家族中扮演领导者角色的长辈与领袖，人们都期望他们具有高水平的德行，并且要在领导过程中持续不断地去修习"德"的品性。尽管人们对于"德"的具体内涵和所指未必十分明确，在不同历史时期也会有所差异，但一旦领导者违背了"德"的要求，就很可能招致下属们的停止追随、谏言甚至反抗。

二是仁。"止于至善"的道德追求落实到具体的社会阶层和社会关系中，就是"为人君，止于仁。为人臣，止于敬。为人子，止于孝。为人父，止于慈。与国人交，止于信"（《大学》）。倡导和崇尚仁，是以孔孟为代表的儒家学说最为核心的价值观之一（林存光，2008），其基本点在于教化人由爱亲人推及爱周边乃至广大的人与物，正如孔孟所说"仁者，爱人"。关于仁的基本含义，张岱年（1986）认为，"仁是关于人我关系的准则，其出发点在于承认别人也是人，是与自己一样的人。承认人人都有独立的人格，这是孔子仁说的核心涵义"。"仁"之中包含了如何处理人与人之间关系的要求和界定，这在领导者—下属互动的关系中同样起作用。因而，在儒家管理传统中，道德是用以约束和激励所有人的最高标准，

"自天子以至于庶人，壹是皆以修身为本"。然而对领导者或社会统治者而言，"仁"或"仁政"就成为更为具体、更为符合其相应社会地位的管理要求。不同于父子关系中的慈和孝，君臣关系中领导者更应表现出"仁"的政治态度和行为。《孟子》一书中多次提及仁政（或王政），所说大致包括尊贤使能、以德服人、轻徭薄税、与民同忧同乐、反对战争等（萨孟武，1969）。

2. 儒家管理思想中的理想下属

整体上看，儒家的管理思想缺乏对下属的独立关注。其根本原因在于，儒家管理思想中，领导和管理的效用基本上取决于领导者（统治者）。在长期的儒家历史和儒家社会背景下，无论是君王还是臣民普遍都更关心领导者的特质，而非自身特质及其扮演的作用。相对应地，下属更多的是被看作君王和统治者的一种附属品，起着辅助的角色和作用。因此，对理想下属的定义可从两个方面来分析：其一，用"修身"的观点统一约束领导者和被领导者（下属）的道德追求；其二，用下属在社会秩序中的具体地位，特别是在处理与领导者之间的关系时应该秉持何种态度，即礼的要求来规范下属。

一是德。儒家认为个人的道德修养是理想政治的基础，不仅领导者应该以最高道德修养来约束自己，下属也应该有道德上的追求。"自天子以至于庶人，壹是皆以修身为本。"儒家要求领导者和下属都应以内圣外王的理想去规范自身，使"止于至善"落到不同阶层的人身上。统治者与被统治者的关系，在儒家管理思想中被替换成上行下效的道德感染关系。当然，对于君王（统治者）和下属（臣民）应当恪守的德行内容及其程度，儒家思想中并未对这两者加以明确的区分，而是以较为一般意义上的"君子"之道德修养作为塑造标准。

二是谏。儒家传统社会的管理之中，"礼"界定了不同社会主体之间的尊卑关系和等级秩序。如果说"德"是在一般意义上对领导者和下属的泛化要求，那么"礼"就是符合个体社会地位的特殊要求。"礼"在领导—下属的地位关系中表现为"谏"，即要求臣下（下属）谏诤的理想特质。孔子说："故当不义，则子不可以不争于父，臣不可以不争于君。"（《孝经·谏诤》）传统儒家的管理思想中，提倡下属"谏诤"与要求领导者"仁政"是协调统一的。领导—下属关系中，一方面以道德追求统一规范上下级行为；另一方面用领导者的仁政鼓励下属施展才能，用下属的谏诤弥补领导者在认知上的局限，由此促成君臣（上下级）在伦理体系下实现有道的政治，达成内圣外王的理想状态（见图5-1）。中国历史上不少"明君谏臣"的佳话就是对这一点的最好注脚。

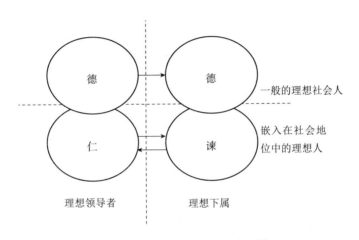

图5-1 传统儒家的"理想人"模型

（二）东西方内隐领导（下属）模型的比较

通过上述回顾，我们不难发现，东西方的内隐领导（下属）思想存在较大差异，体现为研究视角、价值标准和研究内容三方面的差异。

（1）研究视角的差异。西方内隐领导（下属）理论是从个人的认知视角进行分析，具体表现为领导者和下属两种不同的身份视角。而儒家传统管理思想中，理想领导者和理想下属的观点体现的是第三方的研究视角，既不倒向领导者的立场，也不倒向被领导者的立场。儒家力图从第三方的角度去约束和维持领导者和下属之间的平衡，从而达到社会稳定、人心所向的和谐局面。

（2）价值标准的差异。西方的内隐领导（下属）原型中既蕴含了"是然"命题,即关于现实的典型特征,也包含了"应然"命题,即对现实的期望特征(Barsalou,1985)。而儒家思想中"理想人"模型则是从第三方视角出发,仅包含理想的"应然"成分。西方内隐领导(下属)理论的应然特质是从个体的视角出发,反映出个体的价值判断。而儒家的理想领导者(下属)的应然特质则是从组织和社会的整体出发,其价值判断是以整个组织(社会)的稳定运作为标准。

(3)研究内容的差异。①知(智)的差异。西方内隐领导理论中,智力是领导者应该具备的重要特征(Epitropaki & Martin,2004),包括智商、教育、知识、聪慧等。但在儒家体系中则不然。领导者的知(智)是从属于道德的。荀子定义"有道明君"时说:"道德纯备,智惠甚明。"(《荀子·正论》)智明是从属于道德的,儒家体系中真理就是至善(朱义禄,2006)。汉代在人才选择标准上流行着"有德无智,不要有智无德"的主张。梁漱溟也指出了儒家思想中"不尚知识而重情义"的特征。《大学》中格物致知的最终目的是追求道德的至高。儒家所认可的领导者只需以"至善"为最高理想特征,领导者在智(知)上的不足完全可以由下属的谏诤来补充。②德的差异。儒家以德来统一约束领导者和下属,其具体内容不仅包括了克己复礼、爱人、孝悌、忠恕等内容,还包括敬、智、勇、恭、宽、信、敏、惠等众多德行。而西方内隐领导理论和内隐追随理论的内隐特质中,伦理道德并非核心因素。从Epitropako和Martin(2004)的内隐领导(下属)结构来看,仅有敏感性维度和好公民维度蕴含了一定的伦理色彩,其他维度都没有反映出道德要求。甚至这种忠诚和公民行为特质也是针对下属的工作情境和团队而言的,并非对社会伦理公德的反映。③领导、下属之间的匹配差异。西方内隐领导与内隐下属的研究是独立分割的,直到近年来才开始呈现出视角融合的趋势。而在儒家的管理思想中,理想领导者和理想下属的特质并非孤立的和分割的,而是匹配的、整体的。内隐领导与内隐下属模型之间暗含着配合、弥补和均衡的思想,其价值判断的标准在于组织整体(家国天下)的效用实现最大化。例如,共同的道德约束力使领导者和下属之间能建立起上行下效的沟通机制。而儒家传统思想中对领导者"知（智）"的相对忽视可以在理想下属的"谏诤"中得到弥补。

（三）讨论与启示

对比西方内隐领导（下属）理论与传统儒家思想中的"理想人"模型，两者间的差异一方面提供了认识领导（下属）原型的新视角，另一方面也为内隐领导（下属）模型结合中国情境的本土概念开发提供了一定启示。

（1）内隐领导（下属）特质的价值审视。不同于儒家理想领导者（或下属）的理想模型反映出组织层面的价值判断，西方内隐领导（下属）理论是对个体认知的探究，反映的是个体的价值判断。其缺点在于，这一个体心理层面上的认知模型并不一定能提炼到团队乃至组织层面，从而也不一定能客观反映出团队或组织层面的价值需要。个体的内隐领导（下属）原型既包含了合理的、有利于领导有效性或组织效用的成分，也包含了不利于、可能破坏领导有效性或组织效用的成分。而儒家的理想模型反映出的第三方、整体的视角，则可以为领导者和下属提供一个更为客观、稳定的角色参照系统和约束机制。领导研究不仅是为了认识群体组织中领导的本质，更是为了更好地发挥领导对组织效用的促进作用，维持组织的生存与发展。从这一角度来看，本土领导研究在运用内隐领导（下属）理论时，应对这一点予以清醒的认识和注意。

（2）中国情境下领导者和下属的道德约束力。道德不仅是儒家传统领导者（下属）模型中最核心的因素，在凌文辁等学者对现代中国社会的领导模型调查研究中也发现，个人品德是中国人普遍认可的理想领导特质之一（凌文辁、方俐洛和高晶，1992）。这在中国本土领导理论——CPM领导行为模型或是家长式领导中都得到支持（凌文辁、陈龙和王登，1987；郑伯埙、周丽芳和樊景立，2000）。如何在本土组织情境中，认识道德在领导（下属）内隐模型中的地位及其在领导效用过程中的作用，尚需要进一步的理论探讨和实践检验。

（3）内隐领导和内隐下属的匹配性考虑。儒家塑造的理想领导者（下属）模型并非割裂的，而是互相弥补和匹配的。儒家追求的领导者和下属之间既有共同的道德约束基础，在社会地位结构中又有配合性的相对分工。儒家的理想政治中，领导者以德行感染下属，并为下属的才能发挥创造"仁政"的环境；下属同样以个人品德来约束其行为方向的正确性，并通过谏的作用辅佐领导者，促进组织发展。而西方的内隐领导理论和内隐追随理论过于关注个体的心理认知，未能将领导、下属关联起来，对组织情境乃至更深层次的文化影响也比较欠缺。领导是领导者、下属和情境三者并重且相互作用的过程。本土领导研究无论是在运用内隐领导理论和内隐追随理论，还是开发本土内隐领导模型时都应该更加注意理想领导模型和理想下属模型的交互影响和相互匹配。如何从整体上分析内隐领导和内隐下属（包括领导与下属的交互影响和配合，以及组织整体的情境约束），可能会成为未来内隐领导（下属）研究的重要方向。

四、对内隐视角的认识与评价

内隐追随理论为我们提供了下属视角，从而更全面深入地分析"领导者和下属如何感知、决策和行动"的领导过程（Avolio，Walumbwa & Weber，2009）。从本章的讨论中也可以看出，内隐追随理论与内隐领导理论之间有着密切的联系，两者共同的理论基础中有关认知原型的概念都具有典型的认知色彩。只不过，与内隐领导理论不同的是，内隐追随理论不仅关注领导者的"追随者原型"，更关注领导互动过程中的重要参与者——追随者的"追随者原型"。进一步地，领导者和追随者双方的"追随者原型"也会因为是否匹配或者一致而对领导者与追随者双方产生不同的影响。可以说，内隐追随理论为追随研究提供了不少可能的研究机会。从近年来国内外相关的研究也可以看出，基于认知视角和内隐追随理论开展的追随研究可以说数量最多、影响力最大，已经成为我们认识追随现象的一个重要切入点。

毫无疑问，内隐理论为开展追随研究提供了一个可行且具有价值的研究视角。简要概述其核心逻辑，可以说是领导者和追随者"如何认知追随者这一角色"，能够在很大程度上影响他们如何追随及如何对待追随者。显然，这是典型的认知影响行为的逻辑思路。当我们将内隐追随理论和内隐领导理论关联在一起思考时，有可能推动以更为整合的研究思路来看待领导者和追随者之间的复杂互动关系。然而，内隐理论作为认知理论的一个分支，其本身的局限性依旧存在，这也使内隐理论在认识追随现象时至少存在如下三个方面的缺陷与不足：

一是对于追随认知原型的来源关注不足。追随原型作为内隐追随理论中的一个核心概念，已经在实证研究中被发现能够进一步影响领导者和追随者双方的后续行动。然而，一个更为基础性的问题是，追随原型是如何形成的？对于领导者和追随者而言，是什么样的经历或者原因导致了他们形成与发展出特定的追随者原型？进而，当我们明确了追随者原型出现的因素之后，企业管理者或者组织中的领导者是否可以采取相应的管理措施，对追随者内心中的追随者原型予以相应的调整和引导？这些问题既具备理论上的价值，也对企业领导实践有着深远的启迪。然而，在当前不断发展的内隐追随相关研究中，对于上述问题的探讨还十分有限。

二是以内隐理论看待追随现象缺乏动力色彩。正如 Lappire 和 Carsten (2014) 在其论著中所强调的那样，追随研究中存在着两个核心问题：其一，追随者为什么追随？其二，追随者如何追随？对于这两个核心问题的回答，内隐理论都具有很强的静态化倾向，缺乏足够的动力色彩。在内隐理论看来，追随者不同的追随者原型就会导致不同的追随行为，但这一过程缺乏对追随者内在心理机制的考察。事实上，在当前组织管理实践中，相当一部分追随者对于"理想追随者原型"的认识是比较一致的。那为何追随者追随领导的方式又会多种多样？进一步地，从本书第二章对于追随动机研究的回顾来看，追随者追随领导者存在着多种不同的动机考虑，它们试图给出追随者为何会选择领导者进行追随的不同原因。相对而言，认知视角下的内隐追随理论在看待追随时缺乏这样的动力学色彩。

　　三是对于中国情境文化的考察仍显不充分。在中国运用和发展西方内隐领导与追随理论之时，我们要格外注意的是这一理论并非全然的"舶来品"。在中国的传统管理思想之中，蕴含着十分丰富的内隐领导与追随思想。本章业已探索性地运用比较分析的方法，从传统儒家的"理想人"模型思想来审视西方内隐领导和追随理论在中国情境下的情境化价值，并以此进一步指出了在中国情境下发展和建构内隐领导与追随理论的可能方向。从当前的研究前沿来看，已经有多组学者注意到结合中国文化情境考察追随现象的必要性和价值，并开展了诸如量表开发的相关工作。不过遗憾的是，目前的相关工作中对于中国情境文化的考察还停留在较为直接与表面的层次上，未能够真正地分析与思考一个基本的问题，即究竟中国情境中的那些独特文化特征是如何影响领导者和追随者内心中对于理想追随者的有关认识原型？这有待学者后续进一步地开展相关研究。

第六章

"无为而治"领导思想及其对追随
研究的启示

一、引言

一直以来，领导活动都是组织管理中最为重要的活动之一。领导的有效性，对于组织的管理水平和绩效改善常常会起到直接的影响。在当前竞争日益加剧、变革愈加频繁的社会经济条件下，组织中领导的效能更成为能够影响企业生存与发展的关键点。与其他管理活动相似，领导活动同样具有科学与艺术的双重属性。由于领导活动的主旨在于处理人与人之间，尤其是领导者与下属们之间的关系，而人的主体能动性便使领导活动更加具有艺术性。领导作为一门社会科学，在过去的三四十余年得到了西方学者的充分重视和研究；国内的领导研究虽然相对来说起步较晚，但在最近的十余年也取得了长足的进展。在此之前，笔者所在的研究团队对2000～2010年国内的领导科学研究进行了系统的回顾，发现国内的领导研究大多数选择的是追随西方研究脉络的策略（章凯、袁颖洁、Kesting、罗文豪和李滨予，2012）。诸如变革型领导、领导—部属交换（LMX）、本真型领导、道德型领导、服务型领导等在西方发展起来的领导概念，在中国同样得到了学者的极大关注，成为国内领导研究的主体。与此同时，虽然有部分学者开始尝试进行一些本土领导理论的建构——如郑伯埙、周丽芳和樊景立（2000）及其他合作者致力发展的家长式领导及凌文辁、陈龙和王登（1987）等在中国情境下提出的 CPM 领导理论等——但整体上看依旧势单力薄，对领导理论的发展推动也较为有限。

　　西方学术研究群体中提出和建立的领导理论，大多采用了较为规范的研究方法，在提出概念或理论时往往配套了相应的测量工具或是提出了一些初步的研究命题，从而便于后来者进行进一步的实证检验和探讨。这有助于学者逐渐地丰富理论的内涵和外延，并不断积累实证的证据。但是，我们也必须谨慎地看到，西方学者提出的领导理论，主要是建立在西方社会的价值观、理念和信念基础上的，主要针对的也是西方情境下的组织和领导者。即便我们相信中西方在组织管理与领导活动上存在内在的一致性，我们也不能够简单地将西方理论直接移植过来，用于解释中国的组织和领导者的行为（Barney & Zhang，2009；Tsui，2006），这极有可能会产生如"橘生淮南则为橘，生淮北则为枳"一般的水土不服问题。鉴于此，不少致力于推动学科发展和践行社会价值的国内及华人学者（如徐淑英、席酉民、李平、苏勇等）已经指出了推动"中国式管理"研究的必要性。目前来看，推动中国情境下的管理研究，以下两种路径是我们可能的选择：一是借鉴西方管理研究中成熟规范的科学范式，主要在西方理论基础上进行调整、修正和发展。例如，李超平和时勘（2005）在中国情境下对变革型领导进行研究，发展提出了具有中国特色的结构维度——德行垂范，进而推动了中国情境下的变革型领导研究。二是从中国传统文化与历史传承中发掘和寻找与组织管理相关的理论视角和思想成分，并在当代组织管理情境下予以阐述和应用。例如，陶新华和朱永新（2002）便从先秦法家的人性思想出发，探讨了与此相对应的领导思想；席酉民等学者构建并不断发展的和谐管理理论，同样深深地植根于以中庸思想为代表的中国传统文化之中。可以说，上述两种研究路径各有长短：前者更易被当前的科学共同体所接受，更易于开展实证研究，积累证据，但比较难以真正地深入挖掘本土化管理思想；后者虽然更具有本土性，却很可能在科学体系的建构上颇有欠缺。从目前国内的领导研究来看，第一种路径仍然占据了大部分，因此实质上对于"西方主导"的领导研究范式鲜有撼动。

于此背景下，或许在当前阶段上述第二种研究路径仍值得提倡和特别重视，从而更好地为领导研究补充来自中国文化的启迪与理解。在中国数千年的发展历史中，沉淀了许多丰富的政治、社会、经济管理经验和多种管理、领导模式（许倬云，2005），这恰恰构成了上述研究路径应当挖掘的对象。当然，基于这一路径除了可能带来科学体系的欠缺之外，还有两个问题尤其需要我们在应用这一范式之前予以明确：一是今人在多大程度上能够完整而准确地理解前人和历史积淀中的思想。更加令人担忧的是，今人又是否会，以及在多大程度上可能会有意识地片面理解甚至曲解先人的思想，而只是为了迎合当前时代或者仅仅是个人的某些现实需求。二是我们也需要认识到，传统思想中蕴含的管理思想或许也并不独属于中国文化，其与西方管理研究中揭示出的原理或是规律同样有可能有着异曲同工之处。出于上述两方面原因，我们认为有必要推动对于中国传统文化中管理思想的谨慎、准确解读，与此同时也需要以开放对话的心态推动中西方文明之间的融合交流。遵循这一基本模式，本章仅以传统思想中的"无为而治"为例，初步探索这一思想对于领导和追随活动的启迪。

在中国长期的封建统治历史进程中，家族组织和皇权组织是两种最主要的组织形式。实际上，由于皇权组织大体上仍是"家天下"的传承模式，我们可以将这类组织看作家族组织的一种延伸。从而家族组织（或称为泛家族组织）也就成为中国传统管理中最为基本的一种组织形态（杨国枢，2004）。在家长治理整个家族、皇帝治理整个国家的过程中，便毋庸置疑地蕴含着一系列的领导活动。自西汉"罢黜百家、独尊儒术"以来，中国的君主便几乎一直延续着以"儒"治国的思路，通过儒家礼教、伦理纲常等来对臣民加以教化和约束。与之相似，同一家族内部的领导模式同样可以以此来加以概括。然而，我们也必须看到，仅仅用儒家学说来概括中国传统组织的领导实践，无疑是以偏概全的。在丰富的治国、治家经验之中，同样还蕴含着许多其他的思想素材，可以为今天我们于中国情境下发展领导理论提供参考。本章将要讨论的道家"无为而治"思想便是如此一例。在本章中，我们首先将讨论"无为而治"思想的基本内涵，基于对其含义的理解分别从领导哲学和领导活动两个层面上分析这一思想在领导活动中的具体体现。进一步地，本章尝试揭示出今天我们探究"无为而治"领导思想的理论与现实意义。更重要的是，我们结合"无为而治"思想与追随研究的内在联系，旨在提出一组可供未来追随研究加以借鉴的可能方向。

二、"无为而治"思想的基本含义

"无为而治"思想主要产生于道家有关"无为"和"天道"的学说之中。作为道家的奠基之人，老子在其《道德经》中对此做出了"道常无为而无不为，侯王若能守之，万物将自化"（语出《道德经·第三十七章》）的阐述。意即"道"常常看似无为，实则却无所不为。王侯将相如果能够依照"道"来进行治国，世间万物便可以自我发展、自我演化（王弼，2011）。在老子看来，圣明的君主和统治者应当能够"处无为之事"（《道德经·第二章》）。从这里我们可以清楚地看到，老子论述"无为而治"思想的核心在于"道"，而这也恰恰是老子乃至整个道家学说体系中的核心所在。"道"这一词在仅五千字的《道德经》中反复出现也较好地印证了这一点。那么，究竟什么是"道"？老子自己对此解释说，"道生一、一生二、二生三、三生万物""人法地、地法天、天法道、道法自然"（《道德经·第二十五章》《道德经·第四十二章》），简单来说就是道是世间万物存在与发展的基础，而道的实质在于对自然规律的遵循。在老子看来，"道"是宇宙万物的根源，兼具了"无为"和"无不为"的双重属性。与此同时，也是老子所推崇的"理想人格"——圣人正是要努力追求"唯道是从"的状态。这样，在治人、治国、管理组织的过程中，圣人便要秉持"无为而无不为"的处事手段（葛荣晋，2007）。进一步来看，要完整地理解"无为而治"思想的内涵，我们需要注意如下几个方面：

第一，"无为而治"的本质不是无所作为，而是有为却不妄为。《淮南子·原道训》就曾指出："所谓无为者，不先物为也；所谓无不为者，因物之所为。"英国著名的汉学研究家李约瑟曾对"无为"做出了如下的阐述："所有的翻译家和评注家都把'为'字直译成'行动'（action），于是道家最大的口号'无为'就变成了'没有行动'，我相信大部分的汉学家在这一点上都错了。'无为'在最初原始科学的道家思想中，是指'避免反自然的行动'，即避免拂逆事物之天性，凡不合适的事不强而行之，势必失败的事不勉强去做，而应委婉以导之或因势而成之。"（焦平贵，2009）因此，"无为而治"并非要求君王或领导者不作为，而是有条件、有选择地作为，这种条件就是要在遵循自然规律的情况下因势而为。例如，在领导员工时，最重要的规律就是要理解并遵循人性的需要，以符合人性而非违背人性的方式去激励和影响员工。考虑"无为而治"的对立面，应该是大包大揽式的"事必躬亲"或者是只以个人喜恶出发而罔顾客观规律的任性作为，而并非无所作为。一言以蔽之，"无为而治"探讨的不是"为不为"的问题，而是要努力去解决"如何为"更加有效的问题。

第二，"无为而治"思想在以"人治"为主要特点的中国传统社会中有着尤为重要的适用价值。一方面，在中国数千年的专制皇权统治下，权力高度集中在皇帝一人身上，君王所管辖的范围过广。这样一种以"人治"为特点的领导方式，极容易造成君王的过分自信、独断专行，或者导致君王胜任力低下、难堪重任，从而给整个国家的运行带来伤害。更重要的是，"人治"模式也从国家治理延展到社会中不同的组织和家庭之中，成为一种为社会文化普遍认可的领导模式。在这样的社会文化背景下，以老子等为代表的道家学者所提出的"无为而治"思想，便可以在一定程度上对崇尚专制的领导风格给予补充和调和，引导与约束君主或领导者更为有效地开展领导活动。一些开明的君主也意识到，仅靠自己一人之力是无法有效地治理整个国家的，所以也都适度地接受了"无为"的思想，给予臣下一定的自治空间。另一方面，尽管长期处于封建统治之下，中国人依旧有极强的自主性智慧。这种自主性智慧突出地表现在中国人非常善于

"审时度势"，能够根据情境的变化加以变通。《易经》中"穷则变、变则通、通则久"的论述便是对这种自主性智慧的最好批注。在现代组织的运作管理之中，这种自主性智慧依然存在并发挥作用。例如，在组织管理层或领导者推行特定的管理与治理举措时，并不真心认同这些举措的下属便有可能选择"上有政策、下有对策"，这恰恰集中体现了中国人在对待制度规定时的态度。可以说，在中国情境下，过于精确的制度规定反倒很难收到良好的执行效果。这就客观地要求统治者和领导者在治理国家与组织时，要尊重下属的自主性智慧，给予下属适度的自主性空间，从而调动起他们的工作积极性。

第三，"无为而治"并非对于制度化管理的否定。从泰勒提出科学管理理论至今，西方的管理学科历经了百年的发展，其间虽然衍生出了众多各有侧重的管理理论和思想，但对于制度在组织管理中的重视一直未曾消退。一般认为，企业组织的管理模式大致会经历传统管理（人治或经验管理）、制度管理和文化管理三个阶段（章凯，2003）。而考察中国大多数企业的管理实践，不难发现中国企业的主体正在历经由传统经验管理向规范制度管理的蜕变。正因如此，在当前中国组织的管理中，制度化的力量非但不应该忽视，反倒应该给予特别的重视。本章在此探讨"无为而治"的管理思想对于领导活动的启示，并非对于制度化管理的否定，两者在本质上反倒是高度统一的。事实上，"无为而治"的管理，要求领导者或者管理者"有所为有所不为"，尽量减少个人对于组织运行的干预。在这样的情形下，组织仍然能够保持较为有序的状态并不断发展，就必须得仰赖于制度力量的发挥。对老子的"无为"思想颇为推崇的日本企业家松下幸之助便有过类似的见解。在他看来，"无为"不是领导者撒手不管、放任自流，而是有两个重要的前提条件：一是制度的运行和个人礼仪修养要达到某一个层次；二是百姓的衣食都必须由领导者充裕供应。也就是说，"无为而治"要想在组织中发挥积极的促进作用，就必须有一套健全的管理制度作为保障。否则，在组织的内部，尤其是那些领导者选择"不为"的领域内，就极容易造成管理的无序或混乱，进而造成组织效能的低下。而这套健全的管理制度，就包括了进行合理的人员配置和对岗位职责进行明确的划分、建立起一套组织内的工作流程并将其惯例化等，从而可以使组织内部可以在领导者"无为"的情况下依然能够有效运转。在西方的领导理论研究中，"领导替代理论"（Kerr & Jemier，1978）也指出：当组织内部的制度规范力量较强且完备清晰时，领导者的部分领导职能便有可能被制度所替代。

第四，"无为而治"也不同于现代意义上的领导授权。20世纪90年代以来，工作场所的授权赋能便得到了研究学者和实业界人士越来越多的关注，逐渐成为组织行为学与人力资源管理领域的重要议题之一（Lee，Willis & Tian，2018）。学者认为，授权赋能是一组授予决策权的管理行为，授权和决策权下放的思想是授权赋能的核心（王辉、武朝艳、张燕和陈昭全，2008）。授权式领导强调分享权力，有助于提高员工的积极性和对工作的投入，因此被认为是新时代背景下能够激发员工自发行为的有效领导行为（Vecchio，Justin & Pearce，2010）。显然，授权是领导者践行"无为而治"思想的重要内容之一。但也必须看到，授权的外延范围要明显地小于"无为而治"所包括的含义。Conger和Kanungo（1988）认为，授权式领导主要表现为：①对下属表达信任及高的绩效期待；②为下属参与决策提供机会；③为下属提供脱离官僚约束的自主权，以及为下属设立具有激励性或有意义的目标。Ahearne、Mathieu和Rapp（2005）将上述四个方面进一步提炼成授权式领导的四个维度，分别是强调工作意义、传递对绩效的信心、促进参与式决策和提供自主权以减弱科层制约束。对比授权式领导的内涵和前文对于"无为而治"思想的内涵解读，可以发现"无为而治"的关键在于尊重自然规律、顺势而为，而这并非单单靠向下属授权就可以实现。

第五，"无为而治"实质上对领导者提出了更高的要求。对于领导者来说，无为而治的领导思想其实蕴含了更加高超的领导艺术。领导者需要在"为"与"不为"之间实现一种高水平的均衡，既不能越俎代庖，又不能放任自流。"为"的成分过多或者方式选择不当，便有可能造成对组织和员工的过多干预；而"不为"的成分过多，又有可能造成组织管理格局的失调与紊乱。过去一些年来，在我国国有企业经营管理权改革过程中频频出现的"一抓就死、一放就活"的现象，在一定程度上就是领导者不能很好地践行"无为而治"的现实例证和重要教训。因此，倡导"无为而治"的领导思想，其实对领导者提出了更高的个性、才能和素质的要求。现代企业组织的领导者，需要具备高超的业务能力，还要有强大的人格力量，并且能够对下属产生魅力化的影响力，真正地做到"统""驭"结合，才能够将"无为而治"落到实处。

三、"无为而治"领导的二层面模型

通过前文将"无为而治"的思想引入到领导领域之中加以探讨，我们发现，这样一种领导思想至少内在地包含了两个层面的内容：一是现象层面的领导实践，主要通过领导者的行动表现出来；二是理念层面的领导哲学，这更多的是潜藏在领导行动背后的深层理念与假设。当然，这两个层面的内容不是相互脱节的。领导实践的背后是领导哲学在发挥作用，而领导哲学也需要借助领导者的具体行动方能够显现出来。这两个层面的内容有机地结合在一起，最终对组织的运行和发展产生相应的影响。据此，我们提出了图 6-1 所示的有关"无为而治"领导的二层面模型，并将在本节中分别加以阐述。

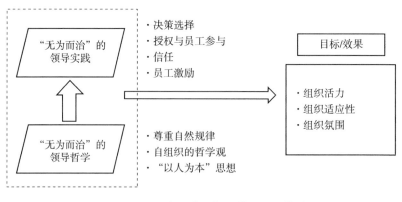

图 6-1　"无为而治"领导的二层面模型

（一）"无为而治"——作为领导实践

在"无为而治"思想的引导下，领导者需要有选择地展开行动，特别是需要集中精力在一些更能促进目标实现，同时不违背客观规律、不干扰组织中秩序和活力呈现的活动上。本章我们重点探讨如下四类主要的领导活动：

（1）决策活动的选择。决策活动是领导者在组织情境中所要做出的一类主要活动，决策活动的质量也往往会对组织发展产生举足轻重的影响。公司发展战略的制定与执行、业务的开展与调整、人员的选育用留等问题，其实本质上都是某种决策活动。随着现代组织面临的外部环境竞争性日益加剧、不确定性与易变性与日俱增，组织中内外部的决策活动也毋庸置疑地变得更加复杂。因此，要求领导者主导组织中的所有决策活动，既是不现实的，也一定是缺乏效率的。以"无为而治"的原则来指导领导者的决策活动，就是要求领导者应当有选择地进行决策：对于事关整个组织发展的一些战略议题，领导者必须紧紧将决策权把握在手中；而对于组织运行发展中的具体问题，领导者就无须事必躬亲、亲力为之。有些决策可以交由中层或基层的管理者去全权负责，有些决策则只需要领导者适度地参与其中即可。对于领导者来说，如何判定是否参与某些活动的标准，或许并没有一个一致而具体的标准。在不同的组织中，面临的内外部环境不同，领导者的个人因素及所处层级不同，都有可能导致他们采纳不同的取舍标准。例如，技术专业背景出身的领导者，往往也是某项技术的专家，从而在组织核心技术的问题上常常扮演了决策者的角色；相反，财务管理背景出身的领导者，在这些技术问题上通常是"不为"的。除了专业背景之外，领导者个人对于集权的偏好、自身的能力状况、整个组织的决策规则和文化氛围等都同样会对决策活动取舍的标准产生影响。尽管没有一个明确的标准，我们依然强调领导者应当在面临决策情境时审慎思考，避免陷入决策过多、过细或者跨界决策的误区之中，而应当在不同类型的决策中扮演不同的角色。

（2）授权赋能与员工参与。正如上文所述，向员工授权和鼓励员工参与到管理活动之中，也是领导者"无为而治"的一个重要方面。领导者可以有限度地"不为"，但这种"不为"并非放任自流的"不为"。相反，领导者需要通过授权赋能的合理安排，将那些自身"不为"范畴内的事项配置到较低层次的管理者和员工身上。唯有如此，才能够保证组织不至于陷入混乱和失控的状态。同时，我们也需要看到，领导者大包大揽的工作风格会极大地限制下属的自由度，从而打击他们的工作积极性；而通过有效地向下属授权，便可以较好地激发出下属的主人翁意识，也有助于他们在工作中发挥创造性，以更为积极、更加主动、更富有建设性的态度对待组织工作。在中国历史上，也不乏类似的实际例证。明朝崇祯皇帝朱由检虽然最终亡国，但其在位期间却以勤俭出名，经常通宵达旦地批阅奏章、处理公务。然而，他的臣子们却并非如此。崇祯皇帝最终亡国自尽，除了整个明王朝衰败之外，很重要的一个原因或许便是"君有为而臣不为"的发生。相应地，在现代组织中，优秀的领导者绝不应该是处处事必躬亲、亲力为之，而是要通过将全体员工，特别是领导者的追随者调动起来，并形成一种合力以贡献于组织发展。在领导者向下授权的过程中，也需要注意到授权不仅仅是权力的分配和给予，领导者更加需要支持与鼓励追随者的自我提升和发展，帮助追随者更加有能力承担起领导者授予的责任。因此，授权对于领导者而言不仅仅是"无为"或者是分散责任，而是要求领导者转换自身角色，带领追随者一同成长。

（3）构建信任氛围。领导者对员工的授权和鼓励员工参与要想真正地发挥积极效用，必须仰赖于在领导者和员工之间建立起相互信任的关系。在组织情境中，信任是员工对于自己与领导者关系的一种重要的心理感知。只有当员工感到自己得到了领导者的信任，他才愿意在工作中充分发挥自己的潜能，为实现组织的目标和领导者所倡导的组织愿景而努力。相反，如果员工觉得自己并不受领导者信任，即便此时领导者授予了他相应的权力，员工依然会有所顾忌，而不敢全身心地投入到当前的工作中。领导者与下属之间的这种信任关系，在特别讲求人情关系（黄光国和胡先缙，2010）和差序格局（费孝通，1949）颇为明显的中国社会中，将会发挥更为关键的作用。只有当追随者感受到更高水平的信任时，他们才会将自己视作领导者的"圈内人"，从而以更加具备情感性色彩的互动原则来和领导者相处。此外，从领导者角度来说，在组织或团队内构建起对于下属的信任，也有助于营造出一种富有活力、协作共进的组织氛围。领导者在给下属授权的同时，对于下属"用人不疑"，便更有可能激发出下属的内在工作动机，从而展现出更高水平的工作努力。领导者对于追随者展现出的信任作为，又会进一步在员工之间起到示范与榜样的作用，从而促进整个组织或团队内部形成相互信任的氛围。组织中的强信任氛围，能够很好地规避组织内部潜在的冲突或者是自我保护主义意识，而为不同成员与团队之间的协作互助奠定基础，因而可以说是领导者实现从"无为"走向"有治"的重要条件。

（4）自我驱动导向的员工激励。员工的工作动机与激励问题一直以来都是组织管理中的中心议题之一。员工的工作动机一般可以划分为外部动机和内部动机两大类。持有内部动机的员工，往往能够更持续、更稳定地参与到组织工作中。因此，不少领导力的提升项目和人力资源管理举措往往也围绕着提升员工的内在工作动机展开。我们提倡领导者在领导活动中秉持"无为而治"的思想，特别强调要设计合适的激励机制，培养出更多自我驱动导向的员工。自我决定理论的有关研究指出，个体内在动机得以激发需要满足三项基本心理需要，即对于自主、胜任和关系（或者归属）的需要（Ryan & Deci, 2000; 刘丽虹和张积家，2010）。领导者如果想持续地激励那些能够自我驱动、自发努力的员工，就需要通过一系列的管理举措更好地保障员工三种基本心理需要的满足。例如，在满足自主需要方面，领导者需要通过前文所说的授权赋能和参与式决策，给予员工工作中更多的自主权。员工不仅可以选择如何完成工作，还可以在一定程度上选择从事什么样的工作，以便更好地释放自身的潜能。在满足胜任需要方面，领导者一方面可以给予员工更多的在组织中学习与提高的机会，如参加一些培训项目；另一方面也需要在工作设计方面给予员工一定的挑战性，而不是仅仅从事一些机械性或者简单重复的工作任务。在满足关系需要方面，领导者需要营造和强调组织与团队中的归属感，促进组织目标、领导者目标与员工自身目标之间的有机融合，邀请员工一起与整个工作团队为实现彼此的目标而共同努力。从某种角度来看，当领导者通过践行"无为而治"而将一些具体的工作事项进行"无为"之后，领导者应当以更多的心力投入到思考如何更好地激励员工这一问题上。只有当员工群体中有更强的自我驱动导向时，以"无为而治"思想来实践的组织或团队才有可能持续不断地充满向未来发展目标努力的活力和生机。

（二）"无为而治"——作为领导哲学

在上述具体的领导活动与实践之外，领导者如果要践行"无为而治"的思想，更需要在理念层面进行变革和转换。作为一种领导哲学，"无为而治"思想包含了一些更为基础性和本质性的原理，涉及对于领导活动中若干问题的回答。本章将这些领导哲学概括为如下三个方面：

（1）尊重自然规律。如前文所述，"无为而治"的思想实质在于循"道"而为，即尊重和恪守自然规律。在自然系统中存在着的自然规律，在社会系统特别是在人类系统中同样存在。社会系统的规律包含了人的本质是什么、人与人之间关系的本质是什么、人因为什么而采取行动、权威与地位是什么及亲密关系的实质等重要问题。这一套社会系统的规律，决定了社会系统的运作方式。"无为而治"的领导哲学，就是强调领导者要理解和尊重组织系统中的基本规律。其中，最为重要的就是要准确认识和尊重人的本性。人性问题一直以来便是管理理论中的核心命题，"经济人""社会人""文化人""复杂人""自我实现人"等不同的人性假设先后出现在管理研究领域中。领导者秉持不同的人性观点，便相应地会形成和采纳不同风格的管理策略。进入 21 世纪以来，人的自主性越来越受到学者的关注和重视。Ryan 和 Deci（2000）提出的自我决定理论，便将自主性作为个体三种最基本的心理需要之一。自主需要即个体期望达成自我决定的状态，可以自主地决策和行事。员工个体的自主性需要越能够得到满足，其内在的动机水平便会越高，也越能在组织中发挥积极的作用。因此，面对员工们日益增长的自主性需要，"无为而治"的领导者就应当努力去遵循人性中追求自主这一客观规律。领导者应当竭力给予广大员工自主决定的空间和平台，从而得以调动起他们的积极性。相反，如果领导者无视这一规律，仍旧在组织中强调严密的控制和基于职位权力开展的层级领导，便难以很好地调动员工积极性，领导活动的有效性也会因此降低。

（2）自组织的哲学观。自组织理论是20世纪中后期在系统科学领域中兴起的一种理论观点。实际上，自组织不仅仅是自然科学中的一派理论，更代表了一种广义上的哲学观，这使自组织观点同样可以指导包括组织管理学科在内的社会科学。自组织的基本含义在于某一系统可以不需要外界特定的干预，而能够通过内部各个子系统之间的合作与竞争产生自身的未来结构，从而不断地实现演化和发展。这一点与"无为而治"的领导思想是相吻合的。我们可以将组织中的一个个群体或团队看作一个系统，而领导者尤其是整个组织的领导者往往便是这些系统的外生变量。强调"无为而治"，就是要减少领导者作为外界因素对于团队系统的过多干预。领导者的干预减少之后，团队可能会陷入某种远离平衡的"混沌"状态（chaos）。然而，根据自组织理论，处于"混沌"状态的系统极有可能自组织地进行创新并孕育出新的平衡态，从而推动组织的演化发展。这一点，对于在当今愈加复杂的社会情境下运作的组织来说格外重要。那些过多地依赖于领导者个人力量的组织，往往会形成对领导者个人的过度依赖，从而在领导者无能为力或者离开组织时便失去了后继发展的动力，直至走向衰败。反倒是那些坚持"无为而治"的领导者，有意地在组织中弱化领导者的作用，并帮助团队和组织通过自我组织、自我孕育形成进一步发展的核心力量，从而能够促进组织的持续发展。总而言之，"无为而治"的领导思想虽然来自几千年前的道家论述，但它并没有过时，而是与当今系统科学领域中的新宠儿——"复杂性科学"和"自组织理论"有着异曲同工之妙。

（3）"以人为本"的思想。随着人类社会迈入知识经济时代，人的价值得到了企业界和整个社会空前的重视。可以说，人才的竞争，已经取代了产品和服务的竞争，成为企业竞争的关键所在。知识型员工队伍和人力资本更是成为现代企业重要的竞争优势来源。"以人为本"如今已经不仅是企业管理层乃至国家执政层面上的重要原则，而是在很多组织中已经有了鲜活的案例作为支撑。只有真正地将人放在组织发展和管理改进的中心位置，才能够更好地推动组织的良性持续发展。简单来说，以人为本就是将促进人的自身自由和全面发展作为根本目标。在中国文化背景下的组织中，长期以来领导者都被视为无所不能的全才，是组织发展的"救世主"，领导者的才能和智慧毋庸置疑地超过了下属。甚至在一些组织中，领导者是某种"神话"，领导者的权威和决策绝对不容许下属挑战。这些现象和固有的思想事实上便是"以领导者为本"，而非更广泛意义上的"以人为本"。从现实组织管理实践来看，"以领导者为本"的思想事实上却又在很大程度上阻碍了中国企业领导者领导能力的提高，也制约了企业的进一步发展。我们所讨论和倡导的"无为而治"领导思想，便是对员工主体意识的重塑，是对员工价值的尊重。唯有将最广大的员工群体真正调动起来，企业或其他组织才有可能获得更为持续稳定的发展。"无为而治"的领导思想，正是秉持着员工与组织共同发展的基本目标。在领导无为而下属有为的情境下，下属能够得到更多的锻炼机会，下属的专业能力得以提升，下属的身心得到更加全面、更加健康的发展。实现领导者、员工和组织的协同发展，恰恰是"以人为本"领导思想的终极诉求所在。

四、"无为而治"领导思想的理论与现实意义

在当前的组织管理背景下，我们探讨"无为而治"的领导思想，既不是无中生有，也不是无病呻吟，而是具有极强的理论意义和现实意义。

从领导理论的发展来看，中国传统社会中积累起来的以治国治家为主要内容的领导思想，在理论层面上绝非一无是处，而是蕴藏着非常多值得挖掘的思想和理论财富。正如引文中所述的那样，循此路径，我们或许将

有可能推动领导理论的本土化研究。从本章的分析中我们也可以看出，"无为而治"的领导思想并非仅仅是毫无根据的思索，或者仅仅是脱离现实情境的故纸堆。事实上，这一套思想与现代科学中的自组织理论、人本主义思想等都有较高程度的契合，同时隐藏在这一套领导思想背后的正是对于人性本质的准确理解和把握。所以，我们相信"无为而治"的领导思想有很大的可能为丰富领导科学体系做出贡献。当然，也要看到的是，从"无为而治"的思想到建立起一套逻辑完整、严密的领导科学体系，学者还需要更多的思索和研究。在未来的研究中，学者或许可以从以下两个方面来继续推动相关的领导力研究：

一是融合"无为而治"思想和现有的领导研究。我们提出"无为而治"的领导思想，并非要以此推翻现有的领导研究，而是希冀以此为助推器，推动现有的领导理论向前发展，并且努力将中国传统文化中的思想智慧注入现代科学的研究之中。在今后的研究中，学者完全可以尝试借鉴西方组织管理研究的已有范式，在可能的情形下对"无为而治"这一概念进行概念化的界定和拓展，并通过采用实证的方法探讨"无为而治"的领导思想对组织发展的实际效果及实现这些效果的可能机制。

二是结合具体的案例研究，进一步丰富"无为而治"思想的内容实质。本章虽然试图从领导哲学和领导实践两个层面上解构"无为而治"思想的内容，但毕竟难言全面。今后，学者仍然可以对"无为而治"思想进行进一步的更为具体的深入挖掘。特别是，学者可以聚焦特定的组织或者领导者，开展深入细致的定性研究或案例研究，在实践案例中探讨"无为而治"领导思想到底体现在哪些具体的领导活动之中，从而为领导力的发展提供更为直接有效的建设性参考。

从管理的现实意义来看，在知识性员工占据员工主体的今天，企业组织的领导与管理工作呈现出许多新的特征，如越来越重视人的发展，越来越强调伦理，道德和社会目标、网络化组织取代传统的科层制、更加注重沟通、信任、协调和授权等。这些已经呈现和正在呈现出的管理新趋势，要求企业组织领导者必须重新审视自己的管理理念，更新甚至变革已有的管理思想。老子的"无为而治"领导思想虽然并非新生事物，但由于它契合了现代组织管理的若干趋势，非常值得领导者借鉴。领导者通过在用人、授权、决策、激励等各方面进行主动的提升，"有所为有所不为"，从而能够改善组织氛围、提升组织活力、增强组织适应性，最终促进组织的长期持续发展。

五、"无为而治"领导思想与追随研究

本章试图将老子学说中的"无为而治"思想与现代组织的领导活动结合起来进行关联思考，以期启迪与推动领导和追随理论的发展。在阐述"无为而治"基本内涵并探讨了其若干特征的基础上，本章提出了一个初步的理论分析模型，并进而分别从领导实践和领导哲学两个层面上对"无为而治"的领导思想进行了解构。在认识和理解"无为而治"这一领导思想的过程中，我们发现这一思想中蕴含着对于追随者作用和角色的一系列认识，而这些认识恰恰有别于现有领导研究中对于追随者角色的界定。可以说，"无为而治"状态的实现，离不开对于领导者和追随者角色的重新界定，更加有赖于追随者在组织发展过程中主体性的发挥。鉴于此，在"无为而治"思想的启迪之下，未来的追随研究可以重点关注如下几个主要的研究问题：

第一，何种类型或者表现出哪些行为的追随者，更能够帮助领导者实现"无为而治"的状态？在前文中，本章主要从领导者的角度，从领导实践和领导哲学的角度探讨了领导者如何实现和达成"无为而治"的状态。然而，领导过程是一个领导者和追随者不断持续互动的过程。除了领导者因素之外，追随者的因素也会影响到整个领导状态的塑造与实现。正如Uhl-Bien 等（2014）在其新近的文献综述中所呈现的那样，追随者本身是多样性的，他们追随领导者的方式和表现出的行为也是各有不同的。因此，我们可以预想的是，某一些类型或者表现出特定行为的追随者，更能够帮助领导者实现其"无为而治"的状态；而其他一些类型或者表现出其

他行为的追随者，或许会在领导者试图实现无为而治时而有所抗拒，或者表现出无法适应的问题。例如，在当前的领导力研究文献中，自我领导（Self-leadership）这一理论及其概念就与"无为而治"的领导思想有着密切联系。"自我领导"从一提出便在一定程度上挑战了传统的理论假设，即认为人们不一定需要一个明确的领导者，而是可以依靠自我的力量自行领导（Manz，1986，2015）。自我领导的基本内涵在于强调一种自我影响与控制的过程，即个体或团队主要基于内在的动力，通过自我影响、驱动自我完成任务并实现目标的过程（Manz，1986）。基于这一概念我们也不难推测，追随者在自我领导上的个体差异可能会对领导者"无为而治"的做法产生不同的影响。那些更期望实现自我领导的追随者，便更有可能期待或欢迎领导者"无为而治"的做法。类似地，追随者个体诸如权力距离感、不确定性规避、对明确领导者的依赖程度等其他个人特征或者价值观念上的差异，也会影响到他们对于领导者"无为而治"做法的态度。

第二，"无为而治"的领导者和团队中，会设计什么样的激励与员工管理机制，从而更大程度地调动追随者的主动性和积极性？"无为而治"本身对于领导者提出了更高的要求，这一状态的实现是一个不断发展的渐进性过程，而非一蹴而就便可以实现的。准确来说，只有领导者不断地调整自己"为"与"不为"的程度和平衡，才有可能实现"治"的良好状态。在这一过程中，领导者既需要保持组织或团队的相对稳定性与特定的秩序，更需要激发出团队中追随者的工作积极性和主动性，激励他们能够持续地追随着领导者，努力去实现"无为而治"的状态。因此，领导者需要在这一过程中设计一个有效的激励和管理机制，更好地去发挥激励功能。除了前文涉及的授权赋能安排之外，领导者还可以通过重新界定与塑造工作任务，赋予员工自身工作更多的重要性与意义感。近些年来，组织管理领域内大量研究着眼于挖掘员工主动工作行为的前因素便与这一问题密切相关。此外，近年来在工作团队中日渐兴起的共享领导和平台领导实践模式，也对于调动追随者实现"无为而治"颇有启发。例如，共享领导强调将传统的垂直领导者的一系列功能在团队中进行分配，即团队中不同的追随者成员可以适度地扮演部分领导者的角色。在当前的组织管理实践中，共享领导可以表现为不同的形式，既包括领导者由一个集体而非单个个体组成，也包括团队中的追随者因为工作任务不同而承担不同的领导者角色，还有可能是团队中不设定一个明确的领导者职位，从而发展成自我管理、自我领导、自我协调的团队。这些不同的管理体制设计，在调动员工的工作积极主动性上是否有所差异？组织或团队的领导者又如何根据追随者的差异，开发设置不同的管理和激励机制？在新的管理情境下，这些问题也都值得进一步研究与探讨。

第三，在力求实现"无为而治"的组织或者工作团队中，追随者如何影响与塑造领导者？上述两个研究方向中，所体现的基本假设其实都是追随者更多地接受着领导者和团队管理举措的影响，这也是很长一段时间以来领导力研究乃至整个组织管理研究中的共同假设。即便不少领导力的研究者都已经指出，领导过程是一个领导者和追随者互相影响的过程，也即除了领导者自上而下地影响追随者之外，追随者也可能自下而上地影响领导者。然而，受制于理论和方法的原因，长久以来这样一种自下而上的影响和塑造力量都被当前研究所忽视。本章对于"无为而治"领导思想的探讨，或许可以为研究追随者影响领导者的过程提供一些可能的启迪与具体场景。诚如前文所言，当今组织管理实践中的追随者越来越强调对于工作自主性的需要，他们希望能够在工作场所中自我决定。然而，即便考虑到这一前提条件，工作情境中的追随者未必就能够很好地接受领导者实行"无为而治"的做法。特别是，领导者"无为"往往要求追随者更多地"有为"，这意味着他们也要相应地承担更多的责任，这或许并非所有追随者都愿意做到的。因此，一旦追随者不愿意更多地"有为"，他们便可能采用一些特定的向上影响策略，希望在保留自身工作自主性的同时，将权力和责任依旧更多地放在领导者的肩上。类似地，如果追随者本身就追求更多地承担责任和工作自主，而领导者不愿意放弃其自身岗位上的权力和操控感，即不愿意一定程度上去"无为"时，追随者又是否会采取特定的方式来影响领导者呢？譬如说，追随者可能会主动要求更多的自主性，也可能会采取直接或者间接的手段来挑战领导者，或者在工作表现中降低相应的努力程度。一言以蔽之，实现"无为而治"的状态并不是一个一帆风顺的过程，其中必然涉及领导者与追随者的持续互动和相互影响。未来的研究中，学者可以采取纵向观察或者案例研究的方式，将这一动态过程中的上行影响与下行影响进行更为细致深入的观察，从而推动领导与追随研究向纵深发展。

正如本章开篇所言，在中国传统文化的深厚积累中，存在一系列可能推动领导理论创新和领导科学研究的潜在宝藏。不过，在面对这些传统文化内容和开展相应研究时，学者需要保持一个更为谨慎的态度。本章通过以道家中的"无为而治"思想为例，深入分析了这一领导思想的基本内涵、其在行动层面和哲学层面对应的主要内容，以及对于未来的领导研究和追随研究的可能。受限于笔者认知，本章并未能基于"无为而治"领导思想开展具体的领导或追随研究，而更多的是去探讨基于这一思想开展相关研究的可能性。值得庆幸的是，我们研究分析发现，"无为而治"思想不仅与现代管理学和系统科学中的有关观点有着相通之处，更较为深刻地揭示出了追随者在领导过程中的独特作用。可以说，更加具有主动性和自我驱动精神的追随者，恰恰构成了实现"无为而治"的一个重要前提条件。由此，本章进行这一初步探讨的意义在于告诉我们，沿袭这一路径是有可能推动领导理论的创新和本土化发展的。同样，"无为而治"思想也仅仅是众多中国传统思想当中的一个流派和一种观点，学者围绕其他相关的思想观点（包括道家、儒家、法家等其他学派）也可以尝试开展相关的领导理论研究。

第七章

互联网时代的组织管理变革趋势与领导模式构建①

如本书开篇所言,追随研究事实上是一个久已有之的研究主题。这样一个有着不短历史的研究主题,之所以在今天会重新引发学术界与实践界的热切关注,一个很重要的原因就是当今时代的组织管理情境赋予了追随者更加重要的现实意义。特别是随着互联网的飞速发展及其对组织管理模式的冲击和影响,一方面,领导者更需要调动和发挥追随者的力量;另一方面,追随者自身也更为积极主动地呼唤更多的自主、更多展现自我价值的平台与机会。因此,当前互联网时代的组织管理情境正在发生着深刻的变革,而这种变革趋势为追随者的角色拓展和转变,也为学术意义上的追随者研究提供了丰富的现实土壤。

当然,互联网时代本身仍是一个不断变化、快速迭代、充满未知的概念和状态。在实践层面上,互联网对于商业模式和管理实践的冲击正在持续发生;而在理论层面上,事实上学者尽管尝试从多个角度去探索互联网时代的商业管理模式和理论,但由于理论研究的滞后性,目前仍很难找到一套基本完善的互联网管理理论。学者较为普遍地认识到的是,近年来互联网(尤其是移动互联网)对于社会的影响已经远远超出了技术范畴,而

① 本章部分内容系北京第二外国语学院李朋波博士与笔者合作完成,在此特表谢意。

且对人们的工作生活方式、行为规范、价值判断、人际关系、社会结构等各个方面都产生了深入而广泛的影响（陈春花，2015）。因此，对于身处这一时代的组织及其中的个体来说，变革发生的速度、频度、广度和深度都在呈指数级增长，从而不断改变着管理实践和管理研究的情境特征。面对着这些不断发生的变化，现有的管理理论很可能会出现适应不良的状态，从而阻碍我们更好地应对变化了的世界。在这一背景下，我们的管理学术研究唯有去关注变化了的实践，才能够产生更加具有时代性的管理理论，也才能够更好地推动管理理论指导实践功能的发挥。在本章中，我们首先试图简要地归纳出当前组织管理情境所面临的全方位变化，进而我们将聚焦于组织—员工关系这一重要的分析主体，探讨当前互联网情境下组织—员工关系呈现出的新特征。在此基础上，我们试图去回答，变化了的管理情境下如何综合领导者和追随者的力量，构建更为整合的领导力模式。

一、组织管理情境特征的变化趋势

如前所述，当前的组织管理情境特征正在发生巨变。试图完整地归纳出所有可能的变化特征，或在此基础上进行进一步的理论升华，都远远超过了本章与本书的定位。对于组织管理研究而言，学者所关注的情境特征主要体现在环境层面、组织层面和个体层面三个方面。遵循这一思路，在笔者和中国人民大学宋继文教授新近合作完成的研究成果中（罗文豪和宋继文，2018），我们将当前组织管理情境特征面临的变化从环境、组织、个体三个角度进行了简要的概括并归纳，如图7-1所示。

第一，环境的变化。在全球范围内，正如 George、Howard-Grenville、Joshi 和 Tihanyi（2016）所强调的那样，管理研究应该更多关注那些足以影响环境变化的重大挑战。例如，老龄化社会、气候变化、自然资源面临的危机、电子货币与信息安全、电子化员工与人工智能、社会韧性及性别不平等等重大挑战（Grand Challenges），或早或晚都会对企业组织的运行

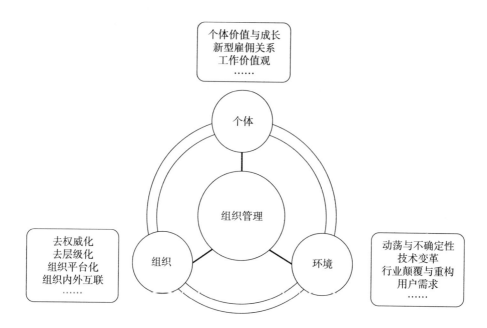

图7-1 组织管理研究的情境特征变化

与管理实践带来冲击，从而改变和影响商业与工作环境。为了实现人类社会更加可持续的发展，联合国也提出了包括消除贫困、"零饥饿"、性别平等、气候行动等17个可持续发展的目标，并希望于2030年实现。具体来看，考察当前社会经济环境的变化时，最为重要的变革力量或许便是由互联网和信息技术发展带来的。特别是，互联网与信息技术的发展既能够帮助人类以更富力量的形式去实现上述发展目标，也或许会带来新的挑战与问题。由于互联网的快速反应和广泛分布，商业环境中的动荡性与不确定性与日俱增，行业格局面临着不断被颠覆和重构的可能。物联网、智能互联、人工智能、机器人、大数据与云计算等颠覆性创新的技术，正在从实验室走向逐步产业化。那些能够把握住变革趋势的企业组织，往往能够迅速成为行业中的佼佼者；而一些未能及时跟进的企业，即便曾经是行业内的"巨无霸"，也会很快便轰然倒下，被时代所淘汰。与此同时，随着互联网技术在日常生活中的渗透，消费者能够更为便捷地获取到有关产品和服务的海量数据与信息，他们过去所处的信息不对称劣势如今却近似于完全对称。由此，消费者的权力进一步放大，他们可以"用脚投票"来选择提供产品和服务的企业。在这一背景下，企业需要进一步厘清顾客和用户之间的差异，明确以满足最终用户的需求和帮助用户创造价值来作为企业价值的来源，这也已成为海尔、华为及其他众多创新企业越来越认同的一个基本观点（章凯等，2014）。事实上，通过产品和服务创新为用户创造价值也恰恰符合德鲁克先生对于管理基本功能的理解。除此之外，全球经济一体化的趋势和影响愈加突出。在跨国企业越来越多地进入中国经营的同时，中国企业国际化发展的步伐（如华为、海尔、联想等）也加速推进。对于中国企业的管理者来说，在全球视野中经营、管理、竞争已经逐渐成为现实，中外企业在管理上和文化上的差异、冲突和融合也成为国际化企业所面临的一个现实议题。最后，在政策层面上，新劳动法的实施、人口生育政策的变化调整都为企业面临的劳动力市场带来了巨大的影响；国家层面上对于创新创业的大力支持、"一带一路"倡议的实施，以及在宏观经济和行业管理上的一系列政策调整，都是企业管理过程中正在发生变化的环境因素。

第二，组织的变化。长期以来，管理学术研究群体和业界人士对于"组织"的重视与研究都远远不如其他议题，如领导力、人力资源、商业模式、企业文化等。这样的忽视在组织本身较为稳定的时期或许并无大碍，但在今天这样一个快速变革、充满不确定性、动态竞争的商业与社会环境下，组织的形态、过程和力量都正在发生着巨变，我们对于组织的理解和研究更应该迎头赶上。可以说，在上述外部环境的影响之下，组织内部的属性和形式也发生了相应的变化，典型的几个趋势是去层级化、去权威化、组织平台化、组织内外互联。传统的组织管理活动以分工和层级为基础，旨在通过自上而下的层级控制提升管理活动的效率与效果，这一结构造成并进一步加剧了组织内部的信息不对称性。在今天的互联网时代，组织中不同层级个体之间的信息不对称性正在逐步降低，组织继续沿用层级设计将不利于员工创新潜能和主动精神的激发，并造成组织内部的僵化和行动缓慢。由此，去层级化、去权威化不仅在一些新创企业和互联网企业中普遍实施，在更为传统的大企业中也逐步成为现实。与此同时，在处理与外部利益主体的关系上，平台型组织的战略理念和实践也正在成为一个重要趋势（陈威如和余卓轩，2013）。借助互联网的力量，诸如滴滴、Airbnb、Uber、腾讯、阿里巴巴、Facebook、摩拜单车等企业都在打造各自领域内的共享平台，海尔、华为、小米等企业也在纷纷推动向平台型企业的转型。其中，海尔集团在近几年的网络化战略变革中，早已打破了组织的既定边界，在海尔平台上孵化了众多的小微企业和平台型企业，并以开放的思维引入和调动了各种不同的组织内外部资源（包含人、财、物、信息等）。总体上来看，在互联网时代，组织自身的属性及组织和个体之间的关系都发生了极大的变化，组织的平台属性、开放属性、协同属性、幸福属性正在成为许多组织业已拥有或努力转型的属性（陈春花，2016）。

第三，个体的变化。与互联网技术快速发展几乎同时的是，我们注意到以"80后""90后"为代表的新生代员工正在成为企业中的主体，他们在行为方式和价值观念上与之前员工的代际差异都迫切要求管理方式的调整。然而，代际差异仅仅是当前社会环境下个体变化的冰山一角。在互联网时代催生的环境和组织变化背景下，个体最大的变化在于个体对于自我目标、自我价值和成长性的需要日益凸显。一方面，越来越多的个体选择成为创业者（或者类似的自由工作者、"斜杠青年"等）而非受雇于某一特定组织，他们将创立发展自己的事业视作实现自身价值的最好平台。另一方面，即便没有选择创业而是在某一组织中工作，今天的员工与组织之间也不再是传统意义上纯粹的雇佣关系。员工越来越强调自身在工作中的自主性，更为重视工作的有趣性，更在意参与决策和自我的呈现，希望与组织之间建立起彼此合作关系，在帮助实现组织目标的同时实现自身的个人目标（陈春花，2015；章凯等，2014）。对于组织来说，只有更加看重员工的价值并且积极创造有利于个体价值发挥的组织环境，才能够激发出个体的创新潜能，实现企业价值的增长。例如，在海尔的人单合一管理变革中，员工的身份是更加有主动性和创新性的"创客"，"人人都是CEO"，而不再仅仅是归属于某一个部门的普通员工。个体层面的这一系列变化对组织管理风格提出了根本性的挑战，今天的管理不能够再以严密的控制作为特征，而是要顺应和弘扬人性的光辉，为个体的成长与发展提供机会、创造平台。在这些变化背景下，如何激发员工在工作场所中的活力、如何整合员工与组织的目标、员工作为追随者在组织发展过程中所能扮演的角色、如何从常规工作和新型工作形态中寻求工作意义、如何管理和协调更为多样化同时更加松散联系在一起的团队，都成为管理实践者与研究者们所关心的重要问题。事实上，本书所探讨的有关员工追随力的研究，恰恰与上文所述员工个体发生的变化有着密切相关的关系（Uhl-Bien et al.，2014）。

上述环境、组织和个体三个方面的变化，使今天组织管理情境所面对的不确定性水平急速升高。当前的互联网时代常常被描述为一个正在到来的 VUCA 时代，即一个充满易变性（Volatility）、不确定性（Uncertainty）、复杂性（Complexity）及模糊性（Ambiguity）的时代。这四种特征相互关联，其中尤其以不确定性为典型。事实上，VUCA 对于国家、社会、企业组织和个人都带来了巨大的挑战，都呼唤开展相应的变革。在面对不确定性的基本态度上，我们有必要意识到传统的试图消除或者降低不确定性的时代似乎已经过去。相应地，我们更加需要去主动拥抱不确定性，与不确定性共舞。对于不确定性给组织和个体带来的"阵痛"，我们不是要因噎废食，而是更加要学会利用不确定性带来的非线性的、爆发性的、颠覆性的重大战略机遇。聚焦到企业层面来看，重要的是不能够再一味依靠和仰仗过往的成功经验，仍然用一种静止的视角看待环境变化。从当前组织环境变化的趋势来看，不确定性是永恒的，而确定性可能只是短暂的和临时的。企业组织和人的视角越灵活，越充满变数，也便越有可能跟得上不确定性的变化和要求。在这样一个拥抱和应对不确定性的过程中，培育和激发组织中的领导力便是一个极为关键的过程。

二、组织—个体关系的演变

组织与人，可以说是理解企业人力资源管理实践的两个基本出发点。在组织内部，因应上述三个层次的深度变化，组织与人的关系也正在经历多样化的变化。除了传统意义上的雇佣关系之外，组织与员工之间的关系形态愈加复杂，"利益共同体""事业共同体""命运共同体"等这些不同的说法也在一定程度上反映出当下企业对于组织与人关系的不同理解。随着组织与员工之间关系的变化，组织在开发和培育领导力的过程中便需要基于变化了的情境来进行重新思考。例如，当员工认为自身与组织之间的关系更多属于"合作式的共同体"关系，而非传统意义上基于劳动合同的契约关系时，组织中的领导者便很难再基于职位所带来的权力来对追随者予以影响。又如，随着互联网共享平台的发展，领导者所领导和影响的追随者也可能不完全是一个组织或企业内部的"在册员工"，而是来自其他组织或者是自我雇佣的个体，此时对于他们的领导过程便更加需要超越已有的正式组织系统和相应的管理激励机制。在本节中，笔者试图对当今组织情境下组织与员工个体之间的关系模式变化做一个基本的分析。

在组织行为学的早期著作中，阿吉里斯的《个性与组织》一书便对组织与员工个体的关系做了相应的分析。在他看来，个体是具有独立人格、自我概念和价值观念的主体，而在组织中必不可少的则是正式化的规章制度、社会规范、明确的层级和地位体系、基于结构和理性开展的协调活动等。当组织和管理活动需要在多个个体之间开展协调合作时，也就会在一定程度上需要约束或抑制个体的自我属性，即去个性化。换言之，当员工加入组织与他人进行合作时，会或多或少地放弃或者丧失一部分自主性。因此，个体与组织之间既存在着社会化适应与调整的关系，也不可避免地会存在着一些冲突。基于阿吉里斯的观点，我们甚至可以推测：作为独立的个体与代表正式化力量的组织之间存在天然的冲突，组织管理活动本身就需要约束个体个性的完全释放，而优秀的组织管理与优秀的员工事实上也是相互妥协的结果。

近些年来的组织行为与人力资源管理研究中，对于组织—员工个体关系的考察可以分别从组织和员工自身两个侧面来加以分析。从员工个体角度来说，学者提出了心理契约（Psychological Contract）这一概念，用来代表员工内心中有关于他们自身与组织之间交换关系的内容和条件的信念（Robinson, Kraatz & Rousseau, 1994; Rousseau, 1989）。更为具体地来说，员工的心理契约中既包含了员工认为组织应该对他们所尽的责任，也包含了员工认为自己应当对组织所做出的回报。Robinson 等（1994）根据交换关系的时间长短及交换关系的明确专门性高低，将心理契约具体划分为关系型、平衡型、渐变型和交易型四种，这些不同类型的心理契约后续会对员工的工作态度与行为产生进一步的差异化影响。

从组织的角度来看，徐淑英等学者（Pearce, Tsui, Porter & Hite, 1995; Tsui, Pearce, Porter & Tripoli, 1997）开展了一系列有关雇佣关系中基于雇主视角的员工—组织关系研究，并聚焦在员工—组织关系（Employee-Organization Relationship, EOR）这一具体的构念上。类似地，员工—组织关系这一概念也包括两个方面的内容：一是雇主（组织）期待雇员（员工）在组织中所做出的贡献，如更高的工作绩效、创造力、组织公民行为等；二是雇主为了获得上述期望贡献而提供给雇员的激励，如薪酬、福利、职业发展等。根据这两方面内容的水平高低不同，员工—组织关系便可能存在着四种不同的形态（Tsui et al., 1997），如图 7-2 所示。当组织提供了较高的激励且期待员工做出较高水平的贡献时，双方的关系构成了"相互投资型"，有助于推动彼此的成长和发展；而当组织提供的激励水平和对雇员的期待都比较低时，两者的关系就会成为类似于"一锤子买卖"的"准现货契约型"；当组织期待很高却未能给予充分的激励时，两者关系便成为"投资不足型"，员工的工作动力和热情无法被充分地调动；当组织期待不高却给予员工更高的激励时，两者关系就成为"过度投资型"，这种关系状态虽然令员工较为受用，但显然不利于组织的持续健康发展。Tsui 等提出的这一员工—组织关系分类模式广受关注，在后续研究中也得到了较多的实证检验（徐云飞、席猛和赵曙明，2017）。例如，Shaw、Dineen、Fang和 Vellella（2009）研究检验了人力资源管理中的激励投资实践和期望强化实践对于不同绩效水平的员工离职率的影响；Jia、Shaw、Tsui 和 Park（2014）则进一步检验了预期贡献与提供激励两者的交互对于工作沟通及团队创造力的影响。

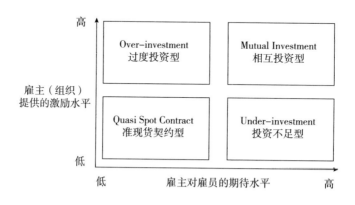

图 7-2 员工—组织关系的四种类型

基于上述不同的研究路径，本章试图对组织与员工个体之间的关系进行一个更为基础性的思考和探讨。毫无疑问，组织与个体之间的关系问题可能是组织管理中最基本、最关键的命题之一。然而，在工业社会的快速发展模式下，这一问题一度被部分地简化和忽略，或者让位于更为直接明确的经营发展问题。随着技术变革、环境变化和个体新特征带来的组织管理模式转型，这一本源问题再次凸显，并激发我们去进一步考察组织管理的基本逻辑问题。在我们看来，组织与个体之间的关系一定不应该仅仅是对立关系，也不能够简单地理解为工作契约和交易关系。结合现有的研究和上文讨论，本章试图将当前时代背景下的组织与个体关系简化表达为图 7-3 所示。

如图 7-3 所示，一方面，当前的员工个体越来越强调对于自主性的追求，希望能够在工作和生活中更多地自我掌控，而不是被组织所管控，所以他们事实上有逃逸出组织边界的动机。与此相对应，在几乎所有形式的

图7-3　互联网时代的组织—个体关系基本模式

组织系统中，仍然会存在一定强度的正式力量和子系统，这一部分子系统寻求的是稳定可控的秩序，试图实现组织内部的有序运行，这也是组织得以存续和发展的一个重要前提条件。显然，个体的自主寻求会和组织系统中的秩序寻求力量之间存在天然的冲突。这一冲突的可能结果或许是个体选择适应组织，或许是个体无法适应从而选择离开组织，也有可能是组织对正式化的力量予以适当减弱，创造出可以调整的空间。另外，个体为了实现自身的价值，也不能完全依靠个体力量，而是需要或多或少、以这样或那样的形式在组织创造和提供的平台上展现自身的价值。个体需要仰仗于组织的平台，需要从组织平台中汲取养分助推自我的成长。与此同时，组织系统在发展过程中除了寻求秩序和稳定运行之外，也比过去更加需要和呼唤来自员工的主动性、创造力、变革的活力，从而组织也愿意为员工个体提供施展他们才华、发挥他们价值的平台。因此，这就意味着个体的价值实现需求和组织系统中构建平台、激发员工创新活力的子系统两者之间交相辉映、彼此需要、彼此促进。组织与个体彼此需要的结果便是组织和个体都需要进行适当的调整与变革：今天的组织在寻求活力的过程中越来越需要成为一个如亚马逊雨林那样的生态系统和平台，而不是传统官僚结构下整洁有序的城邦或者金字塔；今天的个体也不能仅仅追求成为听从领导者指令按部就班工作的顺从型员工，而是需要展现更多的主动精神、创造力和批判性思考等。

综合考虑组织与个体之间上述两方面的关系内涵，我们可以进一步地将当前情境下组织和个体的关系概括为从对立走向共生、从层级走向平等，而两者的共同目标则是与不确定性共舞（Dance with Uncertainty）。今天的组织与个体之间，虽然仍然存在内在的冲突和差异性，但两者之间的关系主要却不是对立，而是彼此需要。当两者存在冲突但又彼此需要时，最好的结果或许就是能够携手共生，朝着共同的目标和方向去努力，这或许反倒能够加速彼此的成长，实现"1+1>2"的更好结果。我们看到，今天的企业管理层开始越来越重视给予员工发展性的激励，也鼓励员工在当前组织内部推动内部创业和创新，在已有的组织生态系统中创造和生成新的力量，这恰恰是双方彼此共生的例证。与此相关的是，当组织与个体需要寻求共生时，它们的关系结构也就由传统而经典的层级关系，不断地走向更为平等的关系。组织与个体之间的平等关系意味着，个体进入组织并不意味着需要完全压抑自身的自我属性，个体的需要和目标对于组织来说同样值得重视。在官僚制结构不断被学者和实践者反思的当下，组织正式系统和结构的力量仍然有必要存在。我们强调组织与个体关系的平等化，更多反映在组织内部的价值观念与文化氛围上，即组织在多大程度上允许和鼓励个体的自主发展。应该说，今天的个体，再也不是传统组织中那些随波逐流、人云亦云、甘愿被控制的"木偶人"了，他们越来越要求站在和组织平等的位置上进行协作共生。只有理解了这一点，才能够帮助我们更好地在新的时代条件下去推动领导—追随理论和实践模式的创新。最后，诚如前文所言，组织与个体关系的演变和复杂化，离不开不确定的时代条件特征。可以说，组织与个体寻求协作共生的重要动因也在于更好地去应对和适应环境中的不确定性。根据本章的分析，以共生、平等为主要特征的新型组织—个体关系，或许更多地构成了一种拥抱不确定性、与不确定性共舞的理想形态。因此，我们在这里提出这一基本模式，也力求为互联网时代的组织管理变革及领导模式优化提供一个可能的参照和思考的逻辑起点。

三、互联网时代背景下领导模式构建的基本面

互联网时代是一个更加呼唤高水平领导力的时代，对内外部环境极其复杂多变的工商企业而言更是如此。一方面，企业所处的外部环境呈现出信息开放和用户主导的全新特征，快速掌握用户价值诉求并及时响应成为企业所要应对的首要问题和竞争优势的最终来源。因此，企业必须充分激发调动员工的积极性和主动性，激励员工和企业一道为用户创造价值。另一方面，组织内部也受到了复杂社会环境变化带来的影响，工作环境、工作方式、工作内容都呈现出更加多样化的特征。具体而言，由于员工在目标、价值观、利益等方面的诉求存在较大差异，如何满足员工多样化的需要、激发员工工作动力，成为很多企业需要破解的现实难题。

事实是，在互联网时代到来之前很长的一段时期，作为一种能够影响员工为组织目标实现而持续努力的能力，领导力就一直被众多企业奉为一剂能够破解一系列组织管理难题的"良药"：20世纪末的一项统计研究表明，51%的美国企业都有自己的领导力开发项目，到今天这一比例显然会更高；领导力在十多年前就被认为是影响中国企业未来发展的十大管理理念之一；当前企业界充斥了各种领导力开发的培训课程，为数众多的管理咨询公司更是将领导力开发作为自身咨询服务的王牌产品；不少企业投入了大量精力来提炼自己"专属的"领导模式；企业家也热衷于在各种公开场合畅谈自己企业的领导模式……领导力受到重视乃至追捧的情况由此可见一斑。

然而，从现实情况来看，尽管有越来越多的企业重视对领导力的开发和对领导模式的构建，但企业领导效能不高的情况却异常突出：激励失效现象依旧普遍，员工工作被动且积极性不高，员工群体缺乏活力和创造力，难以促使员工积极主动地为实现组织目标而努力；"大企业病"的问题不断滋生，企业中小团体主义、权力环节蔓生、信息传递受阻、工作流程僵化，运行效率和组织有效性水平不断降低等。这些问题的不断出现，

促使学者和管理者开始反思传统领导模式存在的问题。领导力领域的研究者和实践者逐渐意识到，20世纪的传统领导模式基本是自上而下的官僚范式的产物，这些领导模式更适用于应对工业经济时代的技术性挑战，而不太适用于应对知识经济时代特有的适应性挑战，更谈不上适用于互联网时代环境、组织、个体急剧变化下的新要求。

这种对领导力开发和领导模式构建的"高投入"与领导效能"低产出"之间的巨大落差，使企业管理者开始思考一个基本命题，即如何构建适合于互联网时代特征的企业领导模式。具体到每一家企业，所处的情景不同，不同企业的领导模式自然会千差万别。但在各种模式的背后有一些基本面是具有共性的，也是我们需要深刻把握的。这些基本面建立在对互联网时代特征进行深入洞察的基础上，同时也建立在对传统领导力模式进行深刻反思和重构的基础上。我们认为，只有把握和立足于这些基本面，企业才有可能构建出真正符合时代发展潮流的领导模式，从而获得较高的领导效能，进而培育其自身的竞争优势。理解这些基本面一方面需要深度把握本章前文所述的当前环境变化特征，另一方面更需要聚焦关注组织—个体关系演变的态势来思考。企业领导模式的构建，离不开对于组织、领导者、追随者三者之间关系的认识，而这恰恰是本书努力的目标。结合本章前文的讨论，我们认为企业在互联网时代进行领导模式构建需要把握以下三个基本面：

（一）创造用户价值——领导模式构建的逻辑起点

领导力是一个与目标有着紧密联系的概念，构建任何一种领导模式的逻辑起点就是某一个或者某些未来目标，领导模式中包含的所有内容最终都是为了这个目标的实现，这对处在任何时代背景下的企业领导实践都是如此。但问题在于在互联网时代，企业应该将领导中的"目标"设于何处。或者说，企业构建领导模式的逻辑起点在哪里？这是领导模式构建需要明确和正确认识的一个最基本问题。

在传统经济条件下，由于产品信息在企业和用户之间分布的不对称，用户很难在短时间内获取足够的信息来进行产品比较和消费决策，市场的主动权掌握在企业一方，用户被动地接受企业所提供的产品或服务是当时的常态。在此情况下，我们能够看到很多企业设置的目标往往较少地考虑外部市场和用户价值。尽管不少企业也以德鲁克提出的"创造并满足用户需求"为宗旨，但由于企业在市场中的主导地位及由此带来的获利能力，这一宗旨常常只被当作"口号"。在极端情况下，企业甚至只需要根据自己的生产能力来确定产品或服务的设计、生产、制造、销售等流程，而完全不需要考虑用户的真正需要。正因为此，尽管在传统领导模式中总能找到类似于"通过愿景唤起专注""共启愿景""建立并分享愿景"等字眼，但我们却几乎看不到"用户"或"用户价值"等字眼。企业在开展领导实践时所提出的愿景或目标，体现的往往是企业或者是领导者个人的意志，却并不总是能够体现用户的价值诉求。这也正是很多企业看起来内部很团结一致却总是难以形成市场竞争优势的原因，即领导模式的逻辑起点出现了偏差。

幸运的是，在之前的经济发展背景下，一些并不能快速满足用户价值诉求的企业还能勉强获利生存。然而，在当前的互联网时代背景下，这种"侥幸心理"则万万要不得。其原因就在于，企业和用户间信息不对称的状况得到了彻底改变，信息主动权正在由企业转向用户。用户拥有足够的信息掌握产品特点及价格，不断地在更为充分竞争的市场中进行对比和议价，直到找到满足自己个性化需求的产品和服务。今天，市场主动权掌握在了用户手里，"用户说了算""用户用脚投票"成为当下的常态。在这种形势下，企业的竞争优势最终只能来自对用户需求的把握和对用户价值的创造贡献。也正因如此，企业构建领导模式的逻辑起点一定在也只能在用户一端。国内外那些准确把握当前时代特征、具备了较高竞争力的企业已经充分证明了这个基本面的重要性。例如，海尔自主经营体管理模式中所强调的员工"从听命于上级，转向听命于用户""以用户为是，以自己为非"和"全员目标直接或间接地统一于用户价值"等，华为所强调的"客户需求是华为发展的原动力""成就客户就是成就我们自己"等，阿里巴巴所倡导的"客户第一，客户是衣食父母"的价值观念都是这一基本面的直接例证。我们也看到，越来越多的企业从产品或服务设计的最初始阶段就不断地与用户进行交互，聆听用户的意见和想法，力求在整个流程中与用户进行价值共创。

管理学大师德鲁克关于"企业有且只有营销和创新两大基本职能"的著名论断，正是基于"企业存在的唯一目的就是创造顾客"的逻辑起点提出的；国内管理学者陈春花曾强调过企业经营应回归基本面，其中首要的基本面就是"顾客价值"。上述学者的思考与建议，或许在过去简单稳定的商业环境中听上去没有那么振聋发聩，但在今天的巨变环境下对于企业组织的生存发展有着极为重要的现实价值。基于上述讨论，我们认为对于企业在互联网时代的领导模式构建而言，逻辑起点和首要的基本面也正是"创造用户价值"。

（二）以员工为中心——领导模式构建的基本途径

在过去相当长一段时间内，以组织和领导者为中心是传统领导模式构建的基本特征之一。领导活动往往被认为是领导者的"独角戏"：当一家企业取得了良好业绩时，人们总是习惯性地将目光聚焦于企业的领导者，由此也带来了众多知名战略家、企业家或领导者的崛起。更为有趣的发现是，当企业遭受业绩的挫败或者下滑时，大众、传媒甚至组织内的员工却可能将业绩下滑归因于环境或是机遇（Meindl, 1995）。比之于领导者的重要作用，企业员工在领导活动和过程中的主观能动性却总被忽略，并处在被动接受领导者意志甚至"缺位"的状态，他们对企业发展发挥的巨大作用常常被弱化。以组织和领导者为中心的另一个重要证据就是，在现有的大多数研究领导力的书籍或文献中，大多数作者描述的是成功领导者的特质或行为，并希望找到卓越领导者身上的"成功密码"或者是放之四海而皆准的领导行为模式——而在所有这些探讨中，找到追随者的身影则是一件较为困难的事。

领导是一项面向未来和应对不确定性的活动，在这一点上我们并不否认领导者，尤其是那些"站得高、看得远"的战略性领导者对企业发展所发挥的重要作用。然而，领导活动绝不应该仅仅等同于领导者。当企业所处的外部环境不是那么复杂多变时，由一位或几位领导者来判断环境特征并找到未来发展方向、由数量众多的员工来为既定目标而努力的领导模式并不会明显地暴露其不足；然而，在外部环境极其复杂多变、市场和用户需求变化速度极快的情况下，传统的"少数人决策、多数人执行"的领导模式就"不合时宜"了，难以应对互联网和信息技术广泛运用所带来的挑战。正如 Bennis（2000）在近 20 年前所呼吁的那样，在今天的时代背景下，再也不能够仅仅靠领导者"单枪匹马"就能够应对组织发展所面临的挑战了。

　　因此，我们可以做出的一个基本判断是，互联网时代的企业经营管理必须紧紧依靠"群众的智慧"、调动"群众的力量"。对应于企业领导模式构建也是如此，即要努力做到"以员工为中心"。做出这一判断主要是基于如下两方面的原因：一方面，那些处在市场一线直接为用户提供产品和服务的员工们能够更加直接和准确地把握用户需求及其变动，并快速对其做出反应。另一方面，传统领导模式中的领导者往往处在金字塔组织构架的顶端，与员工相比，他们很少有机会直接接触用户，因此也难以直接获取市场和用户需求变化的信息。即便一线员工收集的用户需求信息层层上传到领导者，再基于信息做出决策进而下行传递给出反馈，也会是一个极其低效耗时的过程。结合上文我们的分析，我们已经明确了企业领导模式构建的逻辑起点在于创造用户价值。那么，从企业内部成员的角色分工而言，既然普通员工和一线的追随者更加贴近这个逻辑起点、更有可能为用户创造更多价值。换言之，就是员工能够为企业发展贡献比之以往更多的力量，那么企业在构建领导模式时就应打破传统的以组织和领导者为中心的状况，转而以员工为中心来重新梳理和构建思路。

　　事实上，将"以员工为中心"作为企业的口号并不难，难的是如何在企业的经营管理活动中真正体现并贯彻这一理念，这很可能需要管理者对企业现有的管理模式进行重大的甚至根本性的变革、对领导者的角色定位进行"自我革命"等，而要实现这种变革无疑将是充满阻力和挑战的。特别是，在这样一个变革过程中，最难的事情可能恰恰是领导者自身要转换视野，充分认识到追随者和员工们的重大潜能和价值。这一点也恰恰是本书创作的一个基本出发点。可喜的是，近些年来还是有一些国内外企业在领导实践中走在了前列，树立起了领导模式变革的标杆。如华为、海尔等企业不仅提出了"让听得见炮声的人来决策""以奋斗者为本""人人都是 CEO"等价值观念，而且还通过对企业"大刀阔斧"式的变革贯彻了这些价值观念（如取消中层架构、薪酬制度改革等），它们能够具备极高的领导效能和行业竞争力也就不足为奇了。

（三）员工自我领导——领导模式构建的理想结果

传统领导模式以组织和领导者为中心，所强调的是组织或领导者对员工下行的单向影响，领导力的产生是一个自上而下驱动的过程。而在互联网时代，企业内的追随者，尤其是普通的一线员工更能够感知、把握和响应用户需求的变动，这些信息将自下而上地传递给决策层，进而实现产品和服务的优化乃至创新。需要注意的是，用户满足自己需求的诉求是强烈的，其等待的"耐心"也是有限的。如果企业无法在短时间内满足用户的价值诉求，用户理性的选择将是放弃等待并转向选择其他企业的产品或服务。对于当前时代下掌握足够信息和消费主导权的用户而言，这将是一件再简单不过的事。

一方面，身处企业高层的领导者无法直接掌握全部的、准确的和最新的用户需求信息，做出正确决策的概率无疑将会大打折扣；另一方面，即便高层领导者能够做出正确的决策，但信息在组织正式层级体系中的上传下达、产品和服务的提供等需要耗费不少时间，创造用户价值的时效性将会大大降低。由此，企业应当努力追求的一个更理想的选择是，赋予员工足够的权力并为他们配备足够的资源和支持，让他们能够自主掌握用户需求变动、自主进行决策、自主开展创新活动并将创新后的产品和服务提供给用户。这正是一种让员工自己"发现并设定目标，并通过自身努力自主实现目标"的过程，即"自我领导"的过程（Neck & Manz，2010）。如此一来，一方面企业将大大降低信息获取、信息传递和决策失误的成本，提供产品或服务的时效性也将得到提升；另一方面员工由于获得了自主权，员工群体的工作积极性和群体活力也能够得到有效激发。

　　企业实现员工的自我领导也是一个重大变革的过程，在此过程中企业需要打消的首要疑虑是，员工是否有足够的能力和自律性进行自我领导。这涉及对员工的认识问题。需要注意的是，当前知识型员工已经逐渐成为了很多企业的主体组成，他们大多有着较好的教育背景、较好的个人素质和较强的工作能力，对工作自主性和自我价值实现的诉求强烈，其所从事的工作也常常具有相对的独立性，这些决定了他们完全能够通过自我驱动设定并完成工作目标。从我们的研究和现实观察来看，今天组织中的员工并不缺乏自我领导的能力，事实是，他们更渴求自我领导却得不到足够的机会与环境支持。

　　针对自我领导的相关研究发现，个体自我领导常常伴随更为积极的工作绩效、工作行为、工作态度和员工职业生涯发展等（Prussia，Anderson & Manz，1998；Stewart，Courtright & Manz，2011），自我领导与员工创新行为之间的正向联系更是得到了国内外多个不同研究的一致支持（DiLiello & Houghton，2006；曹威麟、谭敏和梁樑，2012；刘云，2011；陶建宏、师萍和段伟宇，2014；张红琪、鲁若愚和蒋洋，2012）。在团队层次上，也有不少研究发现团队自我领导能够带来更好的绩效产出（Cordery，Mueller & Smith，1991；Stewart & Barrick，2000）和更高水平的团队创造力（De Dreu & West，2001）。可以说，员工自我领导对企业提升领导效能的作用是巨大的。实现员工的自我领导后，企业将不再只有几位发挥领导职能的领导者，全员都将成为领导者；企业也将不再是某一位或几位领导者的企业，而是成为"充满了领导者"的企业；同时，企业也将从之前的组织或领导者的"单中心"转变为"多中心"、从"一处发光"发展成为"多处发光"或"处处发光"，随之而来的企业领导效能提升也就"水到渠成""顺理成章"了。因此，对处在当前互联网时代背景下的企业而言，构建领导模式的理想结果就是实现企业全员的自我领导，最大可能地调动追随者参与到领导过程中来。上文中提到的海尔的"人人都是 CEO"、华为的"让企业充满奋斗者"，以及这些领导模式构建理念所带来的领导效能提升正是最好的证明。当然，企业在鼓励和推动实现员工自我领导的同时，也要注意对员工设定目标和战略方向上的控制，避免走向员工"各自为政""杂乱无章"的另一个极端。

四、总结

中国古代的先哲非常强调"时异事殊"和"因时制宜"的哲学思想，这些思想也为当前企业的领导模式构建提供了一个智慧启迪，那就是要深入把握互联网时代的基本特征，并据此构建出能够应对内外部环境挑战的领导模式。在本章中，我们试图从当前互联网时代组织管理情境的特征变化入手，分析变化了的环境特征对于组织管理的影响。当然，环境、组织和个体三个层次的变化事实上会带来整个组织管理系统和各方面活动的变化，本章显然无意于对此进行全面的探讨。从领导力模式构建和发展的角度来看，我们认为厘清组织与个体之间的基本关系能够帮助我们更好地认识领导力的构建过程，也能够更为准确地认识在当今组织背景下领导者与追随者之间的关系和互动模式。当我们在讨论环境的变化和互联网技术带来的新特征时，它们事实上也激励我们去进一步思考一些更为基础性和本源性的问题。恰恰是环境的变化和冲击，帮助我们更深入地思考组织与个体之间既存在冲突又彼此需要、依存和成就的关系模式。

基于对上述基本问题的讨论，本章为身处互联网时代的企业和领导者构建领导模式提出了三个基本面。第一个基本面"创造用户价值"是领导模式构建的逻辑起点，它关注的是方向和目标问题，是构建有效领导模式的前提；第二个基本面"以员工为中心"是领导模式构建的基本途径，关注的是创造用户价值的手段和路径问题，即企业要充分重视员工的主观能动性并紧紧依靠员工和追随者的力量来实现创造用户价值的逻辑起点；第三个基本面"员工自我领导"是构建有效领导模式的理想结果与状态，即让企业"充满领导者"，真正体现并实现对员工力量的依靠。整合地来思考上述三个基本面不难发现，在构建领导模式的过程中，对外企业需要以用户和用户价值创造为核心诉求；对内则需要从以领导者为中心逐渐过渡到以追随者为中心，切实地激发和调动起追随者的力量。正因如此，本章所说的领导模式构建，事实上正是要求企业和组织努力去构建更为整合性的领导—追随模式。

领导模式说到底仍然仅仅停留在企业开展领导实践的现象层面，而现象往往是错综复杂、形式多变的，在不同的企业之间也有可能会存在更多的个性与差异。但正所谓"万变不离其宗"，我们认为在互联网时代企业无论构建出何种具体的领导模式，最根本还是要在对内外部环境进行正确分析和判断、对传统领导模式进行反思的基础上，把握住一些最根本、最一般性的理念，这是构建有效领导模式的基础，也是研判领导力提升的关键所在。本章提出的"创造用户价值""以员工为中心"和"员工自我领导"这三个领导力模式构建的基本面正是这样的基础性理念。对于那些依然走在传统领导模式老路上的企业和组织而言，如果希望更好地通过提升企业的领导效能来应对互联网时代的挑战，或许是到了通过把握这些基本面并对原有领导模式进行反思和变革的时候了。这是一个呼唤和渴求领导力的时代，但也对领导力提升提出了更高的要求。当企业的领导力建设不能基于变化了的情境展开时，领导力的水平和效能或许难以支撑起企业的持续发展，同样难以真正助推企业中个体成员的成长。

第八章

追随者中心视角下的企业领导力发展

对于企业管理的实践者、研究者和教育者而言，领导力的培养和塑造历来就是一个备受关注的热门话题。那些拥有高超领导力的领导者，往往都被视作带领组织走出困境、走向辉煌的关键力量。人们对于领导力的强调和期待，也催生了形形色色的发展和塑造领导力的模式。以领导力发展和培训为主题的管理教育课程、方案或是书籍，在今天这样一个迅速传播的互联网时代已经数不胜数。它们或者强调领导者个人的修身养性，或者重视向成功的领导者案例学习，或者将一些热门的学术概念（如变革型领导、授权式领导等）具象化、可操作化，但都大同小异地将目光聚焦在领导者个人身上。相对而言，领导活动中的大多数参与者——领导者身后为数众多的追随者——在领导力发展中的作用却常常被低估甚至被忽视（Bjugstad, Thach, Thompson & Morris, 2006）。在这些现象的背后，潜藏着我们对于领导力的一般认识，即少数的领导者积极地从事领导活动，而那些被领导着的多数追随者只需要服从行事即可。在这样的认识下，追随者总是被视作"沉默的大多数"或是"一群温顺的绵羊"，他们的地位和作用长久以来都不为人们所重视（Kellerman, 2008；Riggio, Chaleff & Lipman-Blumen, 2008）。

享誉盛名的领导力学者本尼斯曾说过：没有伟大的追随者，就没有伟大的领导者（Bennis, 2000）。由此可见，学者对于领导力的理解并不简单维系在某一个体之上。Burns（1978）对于领导过程的理论界定最具代表性，也成为后世学者继续研究的一个重要基础。他指出，领导者对人们实施领导的过程是："具有特定动机和目的的人们，在与其他人的竞争和冲突中，调动各种制度的、政治的、心理的和其他的资源，去激发、吸引和满足追随者的动机。这样做是为了实现领导者和追随者双方共同具有的目标。"这一观点具有高度的整合性，将领导者和追随者都视作领导过程中的重要主体。借助这一观点来审视现有的领导力发展思路，我们可以发现人们将更多的注意力放在了领导者个人修炼及对追随者施加影响上，似乎追随者总是能够顺利地接受领导者的影响，并按照领导者的期望行事。在传统的工业经济背景下，上述操作思路在很大程度上行之有效。然而，随着组织内外部一系列环境条件的变化，在当今的互联网时代背景下，这一操作思路的局限性日渐凸显。现今企业中追随者的差异性和主体性不断增强，如果只是将他们视作被动接受影响的客体无疑难以取得预期效果。在企业情境下，缺乏追随者的拥护与支持，领导者发挥影响力也就成为无稽之谈。正因如此，一些学者强调追随者才是理解领导力的核心与本质所在，是区分领导与管理活动的规定性特征之一。在管理实践中，领导力的提升和发展也就不再是领导者单方面要素能够解决的，而是需要准确认识追随者的角色和作用，从而推动追随者中心视角下的领导力开发。正如领导力大师本尼斯所言，现代世界的领导者个人所能起到的作用正在减弱，他们越来越需要依靠追随者和其他人来共同成就事业（Bennis，2000）。

　　鉴于此，在本书之前章节讨论的基础上，本章拟对追随者中心视角下的领导力发展做一个初步的探讨。当然，我们强调追随者中心视角，并不意味着要忽视或者完全替换掉领导者的作用，而是尽可能地在准确认识追随者的基础上，充分调动追随者和领导者双方的力量，通过在两者之间构建起合作互助的关系来实现整个企业领导力水平的发展和提升。因此，本章所探讨的领导力发展，不单单聚焦于如何帮助领导者个人提升领导能力，而更多的是服务于企业整体发展的需求。具体来说，从追随者中心视角来看，企业领导力的培育和发展包含了如下两个相互关联的方面：一是领导者对追随者的正确理解、调动和引领；二是追随者群体的自我修炼与超越。这两个方面相互关联并持续互动，共同构成了企业领导力运行和发挥作用的力量系统。接下来，本章将在介绍对追随者常见认识误区的基础上，一方面从领导者的角度来分析如何通过处理与追随者的关系而提升领导力，另一方面则从追随者自我修炼的角度出发，探讨追随者如何在企业领导力发展的过程中发挥作用。

一、对追随者的认识误区

（一）误区一：下属就是追随者

在企业情境中，领导者在看待追随者时最容易出现的一个误区就是认为下属与追随者是等同的，自己所带领的所有下属都是自己的追随者。在这一认识的驱动下，领导者便很可能不会把追随者的特征和需求作为主要考虑，而是要努力获取更高的领导职位。在他们看来，领导职位的提升意味着更多数量的直接下属，也就意味着更多的追随者，从而能够拥有更多的权力和影响力。然而，Gardner（1987）曾经指出，领导者的下属是由职位关系授予的，而追随者则需要他们自己去赢得。此外，近来一些学者也从理论上分析了追随者与下属这两个概念的重要差异（原涛和凌文辁，2010；Hinrichs & Hinrichs，2014）。在企业情境中，尽管领导者的下属仍旧是追随者的主要构成，但两者之间依然会有较大的不一致性。

一方面，领导者的下属群体中，并非所有人都愿意或者能够成为领导者的追随者。在革命历史上，领袖人物带领成千上万的人们投身革命事业，这些人中的相当一部分都经历了由普通参与者到追随者的转变过程，而同样有些人会由于不愿意为革命事业牺牲而退出了这项事业和对于领袖的追随。当企业中的领导者和下属在工作职务上确立了上下级关系之后，这只是两者形成领导—追随关系的一个基础。只有随着双方的互相了解、认可和吸引程度逐渐加深，下属才可能转变为追随者。此外，另外一部分的下属员工，则可能会由于各种原因而选择不成为当前这位领导者的追随者。例如，一些员工进入企业工作，其行为规范可能就仅限于遵循劳动合同完成最低限度的工作任务，而不愿意与领导者发生过多的联系。由于与领导者之间在价值观和个性上的差异较大，一些下属也会选择不去追随这位领导者。

另一方面，追随者的范围也可能会超出下属群体，即有些追随者可能并不是领导者的下属。在一定意义上，领导者所能够拥有的追随者数量也就代表了他的影响力高低。对于一些极具魅力的领导者而言，他们往往可以在本部门甚至本企业之外吸引到一定数量的追随者。这些追随者虽然与领导者之间少有日常的工作互动，却对领导者的价值观、理念和目标等非常认可，在个人行动上也往往以领导者作为自己的模范和榜样。从传统的企业发展角度来看，这些"编外"的追随者似乎没有太多的直接价值。但是，在如今的互联网时代，企业内部和企业之间的联系更加紧密，领导者能否获得广泛的支持和相应的资源网络等已经成为企业发展过程中的一个重要因素。以海尔的管理创新过程为例，正是由于张瑞敏本人的改革思想和举措赢得了国内外不少专家学者及同行人士的认可追随，才帮助海尔在推动互联网时代组织管理创新的道路上不断推陈出新。

（二）误区二：追随者难以发挥重要作用

这一误区代表了人们对于追随者的一种图式化的认识，即追随者难以在企业发展中发挥重要作用。与上一误区结合在一起，一些领导者就会认为只需要招聘到合适的员工完成工作即可，并不需要有一批追随者。即便有了可能也只是在完成事务性工作，而不能够对企业的关键性发展产生影响。的确，在传统的企业管理过程中，这样一种认识是比较符合现实的：大多数的重要决策都是由领导者做出的，而追随者则更多的是去执行和完成领导者的指令即可（Baker，2007）。进入21世纪以来，尤其是随着互联网和信息技术的迅猛发展，领导者和追随者的地位与作用正在发生改变。在互联网时代的企业中，领导者制定决策时所依赖的信息优势逐步降低，甚至很多关键的信息需要由追随者来收集和告知。追随者工作在和顾客互动的第一线，能够更为直接地获取有关市场变化的信息。因此，在这样新型的发展背景下，企业仅仅依靠个别领导者的努力已经不足以应对市场变化和竞争，而是需要调动所有追随者的力量，共同通过积极创新和为客户创造价值来实现更好的发展。华为总裁任正非在企业管理变革中强调"让听得见炮声的人做决策"，正是当代企业重视调动追随者力量的一个鲜活案例。

结合上述分析我们可以看出：企业中的追随者虽然往往处在基层的位置上，但他们对于组织发展所能产生的影响却比我们想象的要更加深远，并且这种影响在未来将会不断地凸显出来（Kellerman, 2008；Riggio et al., 2008）。在此之外，还有两个重要的原因提醒我们追随者所能够发挥的重要作用。首先，伟大的领导者呼唤伟大的追随者。离开了追随者，领导者的作用和影响力也就无法发挥和体现出来。鉴于领导者与追随者之间这种互相依存的关系，如果我们在培育领导力的过程中仅仅关注于领导者个人，则往往会事倍功半甚至误入歧途。其次，不是每一个人都能够成为企业的领导者，但几乎每一个人都在扮演着追随者的角色（Kellerman, 2008）。一定意义上，包括高层领导者在内的每一位企业成员都有可能是追随者。法国伟大的启蒙思想家卢梭甚至认为，学会追随是学会领导的必由之路（Kellerman, 2008）。

（三）误区三：追随者之间大同小异

即便能够认识到追随者所能够发挥的作用，一些领导者仍然会错误地认为追随者具有相似性，并且倾向于采用大同小异的方式与所有追随者进行互动。然而，需要注意的是，追随者并不总是千篇一律的，他们所能够产生的作用也会有很大的差异（Kellerman, 2008；Kelley, 1992）。在前人的研究中，不少学者也都对追随者的分类进行了研究。研究结果揭示出，不同类型的追随者所产生的作用往往会有很大的差异，甚至是截然相反的结果。对于不同类型的追随者，他们选择追随领导者的目的和动机可能都不尽相同，心理需要也会有所差异。因此，领导者需要对不同的追随者进行分析，更好地理解并激励他们追随的意愿和动力，从而有针对性地实现更好的领导效果。

在管理实践中，一些领导者对自己的影响力有着错误的认识。从表面上看，员工们都对他言听计从，自己的工作指令也常常可以很好地上传下达、令行禁止。不过，这些下属之所以会追随他的领导，可能是由于领导者处在高级别的领导职位上。一旦领导者离开领导岗位，则员工对待他的态度很可能就会急转直下，更不用谈追随了。在领导者有志于推动组织变革的时候，不同类型追随者的差异会体现得更加突出。一些追随者在日常工作中以领导者为中心，甚至也会积极地迎合奉承领导者，使领导者自我感觉良好。然而，一旦到了需要承担风险、推动变革的时候，这类追随者便很可能会消极怠工或有意躲避。当变革有可能伤害自己潜在利益或有较高风险的时候，他们便不会给予领导者强有力的支持。此时，真正能够追随领导者并一呼而应、众志成城的追随者，才是领导者成就事业的真正依靠。

本节我们简要分析了企业中领导者在认识追随者时常见的三种误区，分别对应了追随者是谁、追随者的作用和追随者之间的差异三大问题。上述这三种误区在企业实践中具有较强的典型性，比较广泛地存在于领导者和企业员工群体之中。本章强调推动追随者中心视角下的领导力发展，首先便需要克服我们对于追随者的认识误区或经典偏见，在此基础上方能够最大限度地达成领导力提升的效果。

二、以追随者为中心的领导力发展

回顾过往的领导力发展实践和研究（Day, Harrison & Halpin, 2009），我们发现大多数做法的关注点在于提升领导者个人的影响力，如领导者个人素养、能力、行为风格的改变和培养。当然，也有一部分研究者开始注意到下属或追随者对于领导力形成的重要性，在他们的领导力发展设计中也或多或少地涉及到追随者的内容。例如，Kouzes 和 Posner（2012）提出的卓越领导者五种行为中，共启愿景、使众人行和激励人心三项都与下属有着密切的关系。在本章中，我们将基于上节所分析的对于追随者的理解，围绕着识别、吸引和成就追随者这一系列的核心环节，探讨领导者如何在领导活动中提升自身的领导力，这也是追随者中心视角下企业领导力提升的一个基本方面。

（一）识别追随者

如前所述，追随者并不是千篇一律的，而是有各种不同的类型，对领导力和企业发展来说也是作用不一。从领导者的角度来看，首先便需要准确地认识到谁是自己的追随者、这些追随者又分别属于哪些不同的类型。在过往的研究成果中，一些学者也都提出了具有代表性的追随者分类框架，可以为企业中的领导者所借鉴和应用。Zaleznik（1965）根据支配—顺从和主动—被动两个维度将下属划分为四类，这可以看作最早的追随者分类模型。Zaleznik（1965）指出的四类下属分别是冲动型（主动支配）、强迫型（被动支配）、受虐型（主动顺从）和放弃型（被动顺从）。

Kelley（1992）的追随者分类模型是最具影响力的一种类型学框架。他认为，理想的追随者是那些能够和领导者一起参与实现共同目标的人。他同样使用了两个分类维度来构建分类模型，其中第一个维度是依赖性和独立性，第二个维度则是消极性和积极性。根据这两个维度，Kelley（1992）共提出了五类追随者类型，分别是疏远型、榜样型、被动型、顺从型，以及在各维度上折中的务实型追随者。在 Kelley 看来，独立性和主动性都比较高的榜样型追随者是最为有效的追随者类型，他们积极行动，并且展现出独立判断和挑战领导者的勇气。

此后，Chaleff（1995）进一步提出了"勇敢的追随者"这一概念。在他看来，有效领导力的关键在于实现有效的追随力，而这就要求追随者勇于承担责任，在支持领导者的同时敢于挑战领导者。以对领导者的支持和挑战作为分类维度，Chaleff 区分了四种追随者类型，即执行者、合作者、

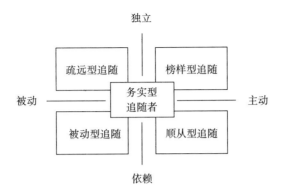

图 8-1　Kelley（1992）的追随者分类模型

个人主义者及资源。其中，合作者类型的追随者既积极主动地支持领导者，又会在必要的情况下对领导者提出质疑和挑战，从而为领导者提供建设性的智力支持。Kellerman（2008）从政治科学的角度出发，根据追随者参与水平的高低确定了五种类型的追随者，分别是孤立者、旁观者、参与者、积极分子和死党。在她看来，追随者参与水平的提高是发挥追随力的关键，高参与水平的追随者有可能成为政治社会变革的启动力量。除此之外，Howell 和 Mendez（2008）也提出四种不同的追随者角色类型，并认为每一类型的追随者会塑造出不同的领导者—追随者关系。第一种是互动式角色，即追随者应当支持和协助领导者。第二种是积极的独立式角色，这意味着追随者通常具有较高程度的自主性，并且可以独立地胜任自身的工作角色。第三种是消极的独立式角色，这种追随者往往与领导者各行其是。第四种被称为转换式，即个体随着情境变化在领导者和追随者之间进行角色转换，这种追随类型在自我管理团队或者合作式组织中较为常见。

　　上述这些框架在分类标准和具体类型上都并不一致，不过它们多数聚焦于衡量和评价追随者不同的行动能力，即一些追随者更加独立、积极和主动，而另外一些追随者则可能只是被动地听从领导者的指令。在综合运用这些分类模型的同时，领导者还应当根据追随对象的不同对追随者进行更为细致的分类。在企业中，追随者虽然都在名义上追随领导者，但他们实际追随的对象却有可能并不一致。基于已有的相关研究成果，我们至少可以区分出以下三类不同类型的追随者：①追随领导者个人的追随者。这一类追随者被领导者的个人魅力所吸引和折服，努力帮助领导者实现目标，愿意在领导者的带领下开展工作并奉献自身的能力、精力和资源。他们对于领导者有一种近乎崇拜和敬仰的感情，工作、生活中事事以领导者为榜样，在关键时刻也愿意挺身而出维护领导者的利益。②追随个人利益的追随者。这一类追随者也努力在领导者面前积极工作，听从领导者的安排和指令，甚至鞍前马后地帮助领导者解决工作中的问题。不过，他们真正关心的却是通过追随领导者获得自己的个人利益，例如升职、奖励、谋求资源等。当领导者能够给予他们利益的时候，他们追随的动力很强，甚至对领导者阿谀奉承；而当领导者不能够给予更多利益的时候，他们可能就会阳奉阴违，转而通过其他方式谋求自身利益（如"改换门庭"追随其他能够带来更多利益的领导者），甚至会在一定条件下伤害领导者与企业的利益。③追随企业和个人未来发展的追随者。这一类追随者十分重视在企业发展中实现个人的长远发展与人生价值，他们努力地在自己的岗位上开展工作，期望能够在企业发展的同时实现自己的人生价值。在他们的眼中，领导者是企业未来发展的一个代理人物。他们愿意在领导者的带领之下，帮助企业实现更好的发展。不过，一旦领导者可能会伤害企业未来发展的时候，他们便会向领导者提出改正建议或者拒绝执行，而不是盲目地服从于领导者。这样的追随者将自己看作企业发展中的主人翁，与领导者之间也不是简单的上下级关系，而是一种共同开创事业的合作伙伴关系。

在上述三种类型中，追随个人利益实现的追随者往往并不持续，也难以成为企业发展中的关键力量；而第一种追随领导者个人的追随者能够对领导者保持忠诚和提供支持，是领导者个人影响力的重要来源；第三种追随企业和个人未来发展的追随者则最具有创业家色彩，既是企业发展中的核心力量所在，也是企业意欲提升领导力水平的重要关注对象。当前一些企业在推进组织管理变革与创新的过程中，提出企业与员工之间努力打造"事业共同体"甚至是"命运共同体"，事实上这正是旨在充分凝聚企业中那些将组织发展与个人成长的协同作为自身目标的成员，并借此提升组织的领导力水平。准确地识别不同类型的追随者是领导者发挥领导力的重要前提，领导者通过与那些真心追随他们的事业伙伴精诚合作，才能够充分调动自身和追随者双方的潜能，帮助企业实现更好的长远发展。

（二）吸引追随者

在识别不同类型追随者的基础上，领导力发展的第二个必要环节就是持续地吸引追随者，即促使追随者能够保持追随的状态，而不会流失或者与领导者背道而驰。领导者之所以要不断地吸引追随者，是因为追随者追随与否、追随的强度和持续性在很大程度上是由追随者自身决定的。在绝大多数企业中，没有人能够强迫员工自始至终并且发自内心地去追随某一位领导者。借用一句常用的谚语，"良禽择木而栖，贤臣择主而事"，那些优秀的追随者往往会去认真选择一个值得他们追随的领导者。因此，企业领导者应当努力提升自己的吸引力，吸引更多志同道合的追随者。在互联网和创业盛行的今天，创始人寻找创业伙伴的过程就是一个典型的谋求追随者的过程。

一方面，领导者可以通过展现个人的能力和魅力来吸引追随者。通过展现出领导者突出的个人能力，可以使追随者认识到追随这位领导者将有更大的可能在未来取得成功。对于领导者而言，他们最应该展示的个人能力或许并非开展业务的具体能力，而是超出常人的组织协调能力、战略谋判能力、沟通整合能力和变革创新能力等。这些能力越突出、越具有不可替代性，他们吸引到优秀追随者的可能性也就越大。与此同时，领导者的个人魅力也极为重要。在能力之外，领导者的人格魅力是在社会交往中赢得他人好感的重要基础。富有魅力的领导者能够有效地提升追随者的工作努力程度、满意感和积极情感，成为组织成员愿意追随的对象（Zhang, Luo & Lee, 2013）。领导者对于成就的渴望、冒险倾向、乐观自信、对于下属的关爱等魅力特征，都更容易使他们得到追随者的肯定，从而成为发挥领导力的重要基础。在本书第三章的研究中，我们已经揭示出：领导者的个人魅力在中国文化背景下表现为公德世范、领导才智和仁爱情怀三个方面，这也启迪领导者提升个人魅力的三个主要方向。综合来看，提升领导者个人能力和魅力的思路与传统的领导力发展模式较为一致，即更多地强调领导者个人的因素。

另一方面，领导者吸引追随者的重要方式是借助于梦想的力量，即通过愿景的力量来吸引和凝聚追随者。对企业而言，愿景指的是企业在未来希望自己发展成什么样的状态。通过明确未来的发展目标，可以帮助人们认识到当前工作的意义和方向，并根据未来发展目标的需要不断地努力工作。沃伦·本尼斯在《领导者》一书中便明确指出，提出愿景并激励下属实现愿景是领导者的一项重要工作。彼得·圣吉（2009）在《第五项修炼》一书中，也将"建立共享愿景"作为构建学习型组织的五项修炼之一，即通过共享愿景鼓舞组织成员，激励他们主动而真诚地为组织做出奉献与投入。詹姆斯·库泽斯和巴里·波斯纳（2013）在《领导力——如何在组织中成就卓越》中，也将"共启愿景"作为卓越领导五种习惯行为之一。卓越的领导者不仅能够高瞻远瞩、预见未来，描述一个理想的、独特的、未来的共同愿景，更能够将这一愿景分享给众人。当愿景被组织成员所共享时，才能够吸引更多的人参与其中，并给予众人更高水平的激励，帮助大家克服困难、实现愿景。对于潜在的追随者来说，长远的未来目标能够使他们感受到领导者的雄心壮志。心理学和目标动力学的研究发现，未来的宏伟目标能够激发个体更高的动机水平，并使他们获得更好的成长和发展（章凯，2014）。当追随者认同和共享领导者所倡导的未来愿景时，他们更容易与领导者形成伙伴关系，共同努力去实现未来愿景。在中国革命的历史上，"推翻三座大山"和"实现民族独立"这样的宏伟目标成为革命领袖团结凝聚追随者的重要价值主张，激励全国人民浴血奋战，虽历经劫难却矢志不渝，直至逐步实现愿景。对于企业中的领导者而言，要获得追随者的认同、支持和追随，也不能仅仅满足于当下，而是要为他们描绘一个美好的、具有激励性的、值得努力拼搏追寻的未来愿景。例如，马云为阿里巴巴设定的组织愿景为"让客户相会、工作和生活在阿里巴巴，并持续发展最少102年"。对于创立于1999年的阿里巴巴来说，持续发展最少102年就意味着公司要横跨三个世纪，从而能够与世界上少数取得如此成就的企业匹敌。正是在这一愿景的持续驱动下，阿里巴巴集团不断成长发展，成为网络及移动商务的全球领导者。

（三）成就追随者

从追随者中心的角度来看，企业领导力发展的第三个重要环节是要成就追随者。企业中的员工选择追随领导者，听从领导者的指令，在很大程度上是希望能够在领导者的引领之下，完成一些自身无法达成的目标。在追随的过程中，追随者也拥有自己的目标和抱负，尤其是对于成就的渴求。因此，追随的结果除了有利于企业发展和领导者影响力提升之外，也应当惠及追随者自身的福祉。卓越的领导者往往能够认识到企业发展和员工个人成长的契合之处，努力促成企业目标和员工个人目标的相互融合，通过企业大舞台为员工的个人价值实现和事业腾飞提供可能。甚至一些领导者愿意为了企业发展和员工发展而选择牺牲自己的个人利益。在历史上，诸如曼德拉、甘地、马丁·路德·金等杰出的领导人都有着类似的经历，他们都将自己的个人得失置之度外，竭尽全力帮助更多的普通民众去实现他们的目标，甚至身陷囹圄或者冒着生命危险，从而也因此成为后人敬仰推崇的伟大领导者（Burns，1978）。然而，如果领导者将追随者作为自身的附属品或者是实现个人目标的工具，将一己私利置于企业和追随者利益之上，他们就成了自利的领导者，从而无法赢得追随者的尊重与持续追随。归根结底，本章所强调的追随者中心视角下的领导力发展，其宗旨正是在于实现企业和个人（包括领导者与追随者）的共同发展。对于企业领导者而言，他们应当认识到追随者是帮助实现企业发展目标的重要推动力量；与此同时，领导者也要为追随者的抱负实现和事业发展创造平台。唯有如此，领导者和追随者之间才能够真正地建立起事业伙伴式的合作关系，并最大可能地挖掘双方的潜力，为企业的长远发展做出贡献，这恰恰是企业领导力发展所要努力追寻和达到的一个良好状态。

三、卓越追随者的自我修炼与超越

在当前互联网时代背景下，企业面临着更加复杂多变、行业竞争异常激烈的内外部环境，领导力被众多企业视为能够应对这些挑战的"法宝利器"，有关领导力发展的各类著作、文章、培训或课程可谓汗牛充栋，目的就在于培育出企业发展所需的卓越领导者。不过，仅仅有卓越的领导者而缺乏卓越的追随者，同样难以帮助企业形成高水平的领导力。遗憾的是，关于如何成为卓越的追随者，我们知之甚少也关注甚少。对领导者而言，卓越追随者可以成为他们开创事业进程中的左膀右臂；对企业而言，拥有一群卓越的追随者意味着高水平的人力资本；对追随者本身来说，成为卓越追随者则更是职业生涯发展中的关键一环。研究发现，那些卓越的追随者更有可能得到领导的青睐，从而晋升到领导职位上。由此看来，卓越追随者其实恰恰是领导力培养的一个重要的准备阶段。那么，如何才能成为企业中的卓越追随者？本章提出以下五项修炼，以期为那些试图培育卓越追随者乃至未来卓越领导者的企业和员工提供一份实践指南。

（一）强化主体身份

员工进入企业后如何界定和认识自己的身份，在很大程度上影响了他表现出来的行为模式。"身份"虽然看不见摸不着，却在事实上回答了"我是谁""我在企业或团队中发挥着怎样的作用""我和领导者之间在本质上是何种关系"等关键问题。也正是在对这些问题的回应中，"身份"中便蕴含了一系列有关做什么事、如何做事、为何做事的价值标准和行为准则。对于企业中的追随者而言，常见的身份类型无外乎"主体身份"和"从属身份"两种。所谓主体身份，就是把自己看作企业或团队的主人翁之一，追随者和领导者是企业中共同协作、实现目标的主体，只不过在工作职责分工上各有侧重。相对地，所谓从属身份则认为追随者仅仅是企业或团队中的从属成员，只是通过工作契约（劳动合同）与企业和领导者建立起关系，企业的发展与个人之间并无太大的联系。显然，接受这两种不同身份的追随者会表现出截然不同的工作状态。那些将自己看作企业主体的追随者往往具有很强的主观能动性，他们会积极主动地贡献自己的能力和智慧，协助领导者一起应对发展过程中的困难和挑战，并且乐意为企业的更好发展做出额外努力。而那些只是将自己认定为从属者的追随者，则在整体上表现为消极被动，他们仅仅满足于完成明文规定的工作任务，即便发现值得改进之处也保持缄默不语。当企业或领导者遇到困难时，他们则会认为这只是领导者需要思考的问题，"事不关己，高高挂起"。

主体身份与从属身份两者之间的差别，实则反映出追随者是将在企业中工作视作一份事业，还是仅仅将其看作一项工作。在领导者看来，那些积极主动的"主体身份"型追随者更有意愿成为自己的志同道合者，也更有可能释放出全部潜能并成为企业发展中的关键人力资本。显而易见，强烈的主体身份是成为企业中卓越追随者的重要修炼之一。

（二）塑造独立人格

我国著名的教育家陈寅恪先生曾将"独立之人格"作为教育系统培养学生的重要目标，期望受教育者能够对人对事形成自己的独立判断，而不是凡事都依赖于长辈或权威。根据霍夫斯塔德对国家文化的研究，中国社会在"权力距离"这个维度得分非常高。在高权力距离的中国社会中，缺乏权力的追随者会倾向于接受和认可领导者拥有更多的权力、地位和资源（Farh，Liang，Chou & Cheng，2008）。对于领导者的指示，追随者则往往会不假思索地接受并埋头执行，甚至当领导者出现判断失误而做出错误的决策时，高权力距离取向的追随者也丝毫不会发出质疑的声音，而是任由错误发生并对企业的发展造成损害。在中国的社会和企业历史上，类似的例子不胜枚举。这类追随者几乎事事都要依靠领导者做出决定，自己则从来不进行独立思考，可以说他们在人格的独立性上已经表现出相当明显的缺陷。

相当长一段时间内，中国企业处于传统的经济秩序之中，企业活动简单重复，外部环境也比较稳定。在这种情况下，追随者事事仰赖领导者或许不会带来过于消极的后果，有时还能够让领导者自我感觉良好。然而，在目前经济格局不断颠覆、竞争态势越发激烈、环境条件动态复杂的情况下，如果追随者依旧无法通过独立思考为企业做出贡献，仅仅依靠领导者的力量则很难取得持续成功。正因如此，对于今天企业中的追随者来说，是否具备独立人格可以作为区分模范追随者和一般追随者的重要标准（Kelley，1992）。具备独立人格的追随者，最核心的特征是对事情有自己独立的分析、思考与判断，而不会轻易地盲从于领导者、专家、媒体或其他人。他们更少地受到书本中教条的束缚，敢于打破已有的思维习惯进行创新式、突破式乃至颠覆式的思考。当自己的观点与领导者互相冲突，他们不会轻易地否定自己的观点，而是通过谨慎的和批判性的思考来比较谁的观点更加合理。倘若思考后发现领导者确实出现错误时，他们也愿意帮助领导者重新修订和寻找更为正确的想法。总的来说，只有那些具备真正独立人格的追随者，才能够为企业贡献出有价值、有意义、更富有创新的想法与建议，也才有可能成为企业中的卓越追随者。

（三）培育信任关系

员工想成为企业中的卓越追随者，同样离不开领导者的支持和栽培。要想从领导者那里获得肯定与发展机会，最重要的一环便是构建与领导者之间的相互信任关系。在企业里，领导者与追随者之间的关系可以比喻为"领导者搭台、追随者唱戏"（Gardner & Avolio，1998）。对身为"演出人员"的追随者来说，这台"戏"的质量水平无疑也决定了自身在领导者和企业眼中的地位。追随者和领导者携手把"戏"唱好，合作成功的关键就在于彼此信任。追随者和领导者互相信任意味着双方对于彼此将要表现出的行为都有明确的预期，彼此不会猜忌和怀疑对方行动的目的，彼此愿意真诚地为对方考虑和着想。

当然，领导者的信任不会自动获得，它需要追随者积极地去努力培育。追随者赢得领导者信任的具体方式或许各有不同，但归结起来无外乎是要通过在工作中的表现为自己在领导者那里获得更高的信任分值。中国人常常说"耳听为虚、眼见为实"，引申到此处便是说追随者要通过切切实实的行动赢得领导者对自己的信任。例如，在企业经营的关键时刻或者领导者遇到危难时，追随者的实际表现往往会在很大程度上影响领导者对他们的信任。试想，当领导者出现工作失误时，追随者如果能够与领导同舟共济，尽量弥补失误造成的消极影响，帮助领导者分担工作压力，而不是在一旁隔岸观火或是落井下石，无疑会成为领导者愿意信赖的对象。卓越的追随者格外重视和领导者之间的信任关系，并且借助这种信任关系的"润滑"来更好地与领导者展开合作并促进企业发展目标的实现。作为一种回报，受到领导者信任的追随者会得到一个更为宽广的舞台，可以在领导者的支持下为企业发展做出更大程度的贡献，而这些都是卓越追随者之于企业的价值所在。不过需要说明的是，卓越追随者与领导者培育信任关系，并不意味着对于领导者的愚忠和绝对服从，也不等同于一般意义上的迎合权谋之术，而首要的是在双方人格平等的基础上构建起来的互信关系，其最终目的在于促进团队和企业目标的实现。

（四）提升战略视野

在企业工作中，一些领导者常常有着这样的抱怨：追随者无法理解自己的意图、听不懂自己的话。当然，这里所说的听不懂话，并不是因为领导者与追随者之间在智力上或是沟通理解能力上有多大的差异，而更多的是因为追随者无法理解领导者讲话或指令背后的深层含义。其结果往往是，追随者工作十分努力，却难以达到领导者的预期目的，甚至好心办了坏事。问题的关键就在于追随者能否从战略高度理解自身工作，确保自己的思想尽可能地与领导者保持在同一高度上。一般来讲，企业中的领导者思考的多是更为宽广的、长远的、富有战略思维的命题。即便是企业中的中层领导者或者部门主管，他们也需要站在整个团队的高度来考虑问题和制定决策。相对地，追随者们更多地从事某一方面、更加具体、更加专业化的工作，长期的工作习惯会使他们在认识上难以摆脱自身岗位职责的局限，容易对领导的战略意图出现理解上的片面化。

德鲁克在展望未来管理趋势时曾经提出，以知识工作者为主体的企业员工今后人人都将成为企业的 CEO。近年来，海尔在推行自主经营体管理创新时，也提出和践行了"人人都是 CEO"的管理理念，这被人们认为是中国企业在互联网时代造就的领导力新模式（章凯等，2014）。事实上，在任何企业中，普通员工都不会真正成为统筹企业经营的 CEO。这一管理理念的实质在于激励追随者自觉地将自己的工作和企业的发展全局关联起来，促使他们认识到自身工作对于企业发展态势的意义，从而可以站在战略的高度上来重新审视自己的工作。唯有如此，追随者才不会仅仅满足于完成规定的工作任务或是领导者下达的指令，才有可能开拓创新，最大限度地挖掘自身的能力和贡献，最终服务于企业战略目标的实现。诚然，如果追随者总是沉醉于战略思考而忽视本职工作，那他们一定是不称职的。然而，如果追随者缺乏适度的战略视野，那么他们也很难成为被领导者和企业所重视的卓越追随者。在某种程度上，提升战略视野的过程也是追随者自我超越、自我否定、自我提升的过程。在任何企业中，那些既能够扎实完成本职工作，又不乏战略思维的卓越追随者都是企业长远发展所不可或缺的。

（五）成就共同未来

卓越追随者的最后一项修炼在本质上涉及追随者如何处理与企业、与领导者之间的三方关系，因而可以说是五项修炼中最重要的一项。员工进入到企业中，都有着自己的个人目标；对领导者来说，他们在企业中也有自己试图实现的目标；对于企业，也有着适应内外部环境、实现更好发展的目标与追求。显而易见，当三方能够团结在共同的目标下时，各方都更有可能获取更好的回报。然而，这种三方目标一致的理想状态并不是那么容易就能够实现的，这往往要求其中的一方或多方能够做出一定程度上的牺牲和利益让渡。对领导者来说，他们并不能完全地追逐个人利益，而要试图凝聚追随者的力量共同实现企业目标；对追随者来说，他们也不能仅仅追求个人的目标（包括物质利益、地位、权力等），而忽视了领导者及企业的目标诉求。本章中所说的卓越追随者，能够主动地将企业未来、领导者未来和自身未来有机结合起来，在帮助企业和领导者追逐美好未来的进程中也使自己获得良好的回报。这种通过目标融合实现的共同未来，在长远看来是健康可持续的，而不仅仅是昙花一现。

　　成就共同未来这一修炼也对追随者自身提出了更高的要求。一方面，追随者需要不断地通过学习提升自我、发展能力，不断地强化自身在企业未来目标实现进程中的作用和价值。在当代人才竞争日趋激烈的背景下，再卓越的追随者如果疏于学习和提高，也有可能无法为实现企业的长远目标助力加油，甚至成为企业发展的"绊脚石"，这最终也会使追随者个人目标的实现成为空话。另一方面，在日常工作中，追随者也需要来一场"认识革命"，即工作并不是机械地为企业或领导者办事，而是在为自己和企业共同的未来工作。在这一使命感的驱动之下，工作的动力和绩效标准自然水涨船高，并且还会驱动追随者开动脑筋、发挥才智，以创新和富有效率的方式更好地做好自己的工作。

　　综合上述五项修炼来看，卓越追随者的培育显然并非易事。五项修炼相互关联又各有侧重，但核心之处在于促使追随者从认识到行动上实现转变。这种转变首先是追随者自身角色的转换：从普通的企业员工转换为与企业共同成长的主人翁；随之而来的就是追随者与领导者之间关系的转换：不再是单方面的领导者命令追随者，而是追随者调动主动性，与领导者精诚合作以更好地实现部门和企业的目标；更为重要的是，这一转变过程也是追随者自我升华的过程，是他们从企业中的普通一员成为卓越人才的过程，是追随者职业生涯上升并进阶到领导者职位的重要过程。事实上，一些领导力研究者已指出，卓越追随者与卓越领导者形成的过程是十分相似的（Hollander & Webb, 1955）。那些在历史上极大地推动了企业发展的卓越领导者，几乎都曾经扮演过卓越追随者的角色，并从身为追随者的经历中修炼和习得了领导力的真谛。在当下各领域各行业都迫切呼唤领导力的时代，本章提出的卓越追随者五项修炼，与其说是指导企业成员如何成为卓越的追随者，毋宁说是在为今后伟大领导者的出现埋下伏笔。

四、总结

在企业管理实践中，提升领导力的相关举措往往都聚焦于领导者。无论是通过学习来提高领导者的胜任力，还是重视领导者个人修为与魅力的培养，或者是培训领导者如何更有效地激励团队和下属，都认为领导效果的改善更多地仰赖于领导者自身的提升。然而，当前多种多样的领导力发展项目并没有能够取得令人非常满意的效果。本章在全书理论探讨的基础上，尝试从追随者中心的角度来理解企业领导力发展过程，将领导者个人的领导力拓展为整个企业意义上的领导力。进一步地，本章将追随者中心视角下的企业领导力发展区分为领导者识别、吸引和成就追随者，以及追随者自我修炼和超越两个相互关联的方面，并进行了具体的分析阐述。我们希望借助于本章的讨论，可以为企业领导力的提升发展提供一种新的操作思路。当然，追随者中心视角下的领导力发展仍然是一个宏大而复杂的议题，远非本章所能够涉及和解决。鉴于此，本章内容及全书的相关讨论权作为抛砖引玉之用，期望有更多的企业实践者和研究者共同对此话题进行讨论。

参考文献

［1］ Agle, B. R., Nagarajan, N. J., Sonnenfeld, J. A. & Srinivasan, D. (2006). Does CEO Charisma Matter? An Empirical Analysis of the Relationships among Organizational Performance, Environmental Uncertainty, and Top Management Team Perceptions of CEO Charisma. Academy of Management Journal, 49 (1): 161-174.

［2］ Ahearne, M., Mathieu, J. & Rapp, A. (2005). To Empower or Not to Empower Your Sales Force? An Empirical Examination of the Influence of Leadership Empowerment Behavior on Customer Satisfaction and Performance. Journal of Applied Psychology, 90 (5): 945-955.

［3］ Ames, D. A. & Flynn, F. J., (2007). What Breaks a Leader: The Curvilinear Relation between Assertiveness and Leadership. Journal of Personality and Social Psychology, 92 (2): 307-324.

［4］ Antonakis, J., Bastardoz, N., Jacquart, P. & Shamir, B. (2016). Charisma: An Ill-defined and Ill-measured Gift. Annual Review of Organizational Psychology and Organizational Behavior, 3 (1): 293-319.

［5］ Ashforth, B. E. & Mael, F. (1989). Social Identity Theory and the Organization, Academy of Management Review, 14 (1): 20-39.

［6］ Atwater, L. E., Camobreco, J. F., Dionne, S. D., Avolio, B. J. & Lau, A. N. (1997). Effects of Rewards and Punishments on Leader Charisma, Leader Effectiveness and Follower Reactions. The Leadership Quarterly, 8 (2):

133-152.

［7］Avolio, B. J. (2007). Promoting More Integrative Strategies for Leadership Theory-building. American Psychologist, 62 (1): 25-33.

［8］Avolio, B. J. & Gibbons, T. J. (1988). Developing Transformational Leaders: A Life Span Approach. In J. A. Conger & R. N. Kanungo (eds.), Charismatic Leadership: The Elusive Factor in Organizational Effectiveness (pp. 276-308). San Francisco, CA: Jossey-Bass.

［9］Avolio, B. J., Bass, B. M. & Jung, D. I. (1999). Re-examining the Components of Transformational and Transactional Leadership Using the Multifactor Leadership Questionnaire. Journal of Occupational and Organizational Psychology, 72: 441-462.

［10］Avolio, B. J., Walumbwa, F. O. & Weber, T. J. (2009). Leadership: Current Theories, Research, and Future Directions. Annual Review of Psychology, 60: 421-449.

［11］Avolio, B. J. & Yammarino, F. J. (2002). Transformational and Charismatic Leadership: The Road Ahead. Boston: JAI Press.

［12］Awamleh, R. & Gardner, W. L. (1999). Perceptions of Leader Charisma and Effectiveness: The Effects of Vision Content, Delivery, and Organizational Performance. The Leadership Quarterly, 10 (3): 345-373.

［13］Baker, S. D. (2007). Followership: The Theoretical Foundation of a Contemporary Construct. Journal of Leadership & Organizational Studies, 14 (1): 50-60.

［14］Bandura, A. (1986). Social Foundations of Thought and Action: A Social Cognitive Theory, Englewood Cliffs, NJ: Prentice-Hall.

［15］Banks, G. C., Engemann, K. N., Williams, C. E., Gooty, J., McCauley, K. D. & Medaugh, M. R. (2017). A Meta-analytic Review and Future Research Agenda of Charismatic Leadership. Leadership Quarterly, 28 (3): 508-529.

[16] Barney, B. J. & Zhang, S. (2009). The Future of Chinese Management Research: A Theory of Chinese Management versus A Chinese Theory of Management. Management and Organization Review, 5 (1): 15-28.

[17] Barsalou, L. W. (1985). Ideals, Central Tendency, and Frequency of Instantiation as Determinants of Graded Structure in Categories. Journal of Experimental Psychology: Learning, Memory, and Cognition, 11: 629-654.

[18] Bass, B. M. & Avolio, B. J. (1997). Full Range Leadership Development: Manual for the Multifactor Leadership Questionnaire. Palo Alto, CA: Mind Garden.

[19] Bass. B. M. (1985). Leadership beyond Expectations. New York: Free Press.

[20] Bateman, T. S. & Crant, J. M. (1993). The Proactive Component of Organizational Behavior: A Measure and Correlates. Journal of Organizational Behavior, 14: 103-118.

[21] Bennis W G. (2000). Managing the Dream: Reflections on Leadership and Change. New York: Perseus.

[22] Bennis, W. & Nanus, B. (1985). Leaders: The Strategies for Taking Change. New York: Harper & Row.

[23] Beyer, J. M. (1999). Taming and Promoting Charisma to Change Organizations. Leadership Quarterly, 10 (2): 307-330.

[24] Bjugstad, K., Thach, E. C., Thompson, K. J. & Morris, A. (2006). A Fresh Look at Followership: A Model for Matching Followership and Leadership Styles. Journal of Behavioral & Applied Management, 7 (3): 304-319.

[25] Bligh, M. (2011). Followership and Follower-centered Approaches. In A. Bryman, D. Collinson, K. Grint, B. Jackson & M. Uhl-Bien (eds.), The Sage Handbook of Leadership (pp. 425-436). London: Sage.

[26] Bligh, M. C. & Robinson, J. L. (2010). Was Gandhi "Charismatic"? Exploring the Rhetorical Leadership of Mahatma Gandhi. The

Leadership Quarterly, 21: 244-255.

[27] Boal, K. B. & Bryson, J. M. (1988). Charismatic Leadership: A Phenomenological and Structural Approach. In J. G. Hunt, B. R. Baliga, H. P. Dachler & C. A. Schriesheim (eds.), Emerging Leadership Vistas (pp. 11-28). Lexington, MA: Heath.

[28] Bono, J. E. & Ilies, R. (2006). Charisma, Positive Emotions and Mood Contagion. The Leadership Quarterly, 17: 317-334.

[29] Bono, J. E. & Judge, T. A. (2004). Personality and Transformational and Transactional Leadership: A Meta-analysis. Journal of Applied Psychology, 89: 901-910.

[30] Broome, G. H. & Hughes, R. L. (2004). Leadership Development: Past, Present, and Future. Human Resource Planning, 27 (1): 24-32.

[31] Brown, M. E. & Treviño, L. K. (2006). Socialized Charismatic Leadership, Values Congruence, and Deviance in Work Groups. Journal of Applied Psychology, 91 (4): 954-962.

[32] Bryman, A. (1992). Charisma and Leadership in Organizations. London: Sage.

[33] Burns, J. M. (1978). Leadership. New York: Harper & Row.

[34] Carson, J. B., Tesluk, P. E. & Marrone, J. A. (2007). Shared Leadership in Teams: An Investigation of Antecedent Conditions and Performance. Academy of Management Journal, 50 (5): 1217-1234.

[35] Carsten, M. K., Harms, P. & Uhl-Bien, M. (2014). Exploring Historical Perspectives of Followership: The Need for an Expanded View of Followers and the Follower Role. In L. M. Lapierre & M. K. Carsten (eds.), Followership: What Is It and Why Do People Follow? (pp. 3-25). Emerald Group Publishing Limited. Bingley, United Kingdom.

[36] Carsten, M. K., Uhl-Bien, M., West, B. J., Patera, J. L. & McGregor, R. (2010). Exploring Social Constructions of Followership: A Quali-

tative Study. The Leadership Quarterly, 21 (3): 543-562.

[37] Chaleff, I. (1995). The Courageous Follower: Standing Up to and for Our Leaders. San Francisco, CA: Barrett-Koehler Publishers, Inc.

[38] Chen, Z. X. & Francesco, A. M., (2003). The Relationship between the Three Components of Commitment and Employee Performance in China. Journal of Vocational Behavior, 62 (3): 490-510.

[39] Chen, Z. X., Tsui, A. S. & Farh, J. L. (2002). Loyalty to Supervisor vs. Organizational Commitment: Relationships to Employee Performance in China. Journal of Occupational and Organizational Psychology, 75: 339-356.

[40] Conger, J. A. & Kanungo, R. N. (1988). The Empowerment Process: Integrating Theory and Practice. Academy of Management Review, 13 (3): 471-482.

[41] Conger, J. A. & Kanungo, R. N. (1988). Charismatic Leadership: The Elusive Factor in Organizational Effectiveness, Jossey-Bass, San Francisco.

[42] Conger, J. A. (1999). Charismatic and Transformational Leadership in Organizations: An Insider's Perspective on These Developing Streams of Research. Leadership Quarterly, 10 (2): 145-179.

[43] Conger, J. A. & Kanungo, R. A. (1998). Charismatic Leadership in organizations. New York: Sage.

[44] Conger, J. A. & Kanungo, R. N. (1987). Toward a Behavioral Theory of Charismatic Leadership in Organizational Settings. Academy of Management Review, 12: 637-647.

[45] Conger, J. A. & Kanungo, R. N. (1992). Perceived Behavioral Attributes of Charismatic Leadership. Canadian Journal of Behavioral Science, 24: 86-102.

[46] Conger, J. A. & Kanungo, R. N. (1994). Charismatic Leadership in Organizations: Perceived Behavioral Attributes and Their Measurement. Journal of Organizational Behavior, 15 (5): 439-452.

[47] Conger, J. A., Kanungo, R. N. & Menon, S. T. (2000). Charismatic Leadership and Follower Effects. Journal of Organizational Behavior, 21: 747-767.

[48] Conger, J. A., Kanungo, R. N., Menon, S. T. & Mathur, P. (1997). Measuring Charisma: Dimensionality and Validity of the Conger-Kanungo Scale of Charismatic Leadership. Canadian Journal of Administrative Sciences, 14 (3): 290-302.

[49] Cordery, J. L., Mueller, W. S. & Smith, L. M. (1991). Attitudinal and Behavioral Effects of Autonomous Group Working: A Longitudinal Field Study. Academy of Management Journal, 34 (2): 464-476.

[50] Courpasson, D. & Dany, F. (2003). Indifference or Obedience? Business Firms as Democratic Hybrids. Organization Studies, 24 (8): 1231-1260.

[51] Cranny, C. J., Smith, P. C. & Stone, E. F. (1992). Job Satisfaction: How People Feel about Their Jobs and How It Affects Their Performance. New York: Lexington Books.

[52] Crant, J. M. & Bateman, T. S. (2000). Charismatic Leadership Viewed from Above: The Impact of Proactive Personality. Journal of Organizational Behavior, 21: 63-75.

[53] Damen, F., van Knippenberg, D. & van Knippenberg, B. (2008). Leader Affective Displays and Attributions of Charisma: The Role of Arousal. Journal of Applied Social Psychology, 38 (10): 2594-2614.

[54] Day, D. V., Harrison, M. M. & Halpin, S. M. (2012). An Integrative Approach to Leader Development: Connecting Adult Development, Identity, and Expertise. Routledge.

[55] De Dreu, C. K. & West, M. A. (2001). Minority Dissent and Team Innovation: The Importance of Participation in Decision Making. Journal of Applied Psychology, 86 (6): 1191-1201.

[56] De Hoogh, A. H. B. & Den Hartog, D. N. (2009). Neuroticism and

Locus of Control as Moderators of the Relationships of Charismatic and Autocratic Leadership with Burnout. Journal of Applied Psychology, 94 (4): 1058-1067.

[57] De Hoogh, A. H. B., Den Hartog, D. N. & Koopman, P. L. (2005). Linking the Big Five-Factors of Personality to Charismatic and Transactional Leadership: Perceived Dynamic Work Environment as a Moderator. Journal of Organizational Behavior, 26: 839-865.

[58] De Hoogh, A. H. B., Den Hartog, D. N., Koopman, P. L., Thierry, H., Van den Berg, P. T., Van der Weide, J. G. & Wilderom, C. P. M. (2005). Leader Motives, Charismatic Leadership, and Subordinates' Work Attitude in the Profit and Voluntary Sector. The Leadership Quarterly, 16: 17-38.

[59] DeGroot, T., Kiker, D. S. & Cross, T. C. (2000). A Meta-analysis to Review Organizational Outcomes Related to Charismatic Leadership. Canadian Journal of Administrative Sciences, 17: 356-371.

[60] Deluga, R. J. (1997). Relationship among American Presidential Charismatic Leadership, Narcissism, and Rated Performance. Leadership Quarterly, 8: 49-65.

[61] Deluga, R. J. (2001). American Presidential Machiavellianism: Implications for Charismatic Leadership and Rated Performance. Leadership Quarterly, 12: 339-363.

[62] Den Hartog, D. N. & Verburg, R. M. (1997). Charisma and Rhetoric: Communicative Techniques of International Business Leaders. Leadership Quarterly, 8 (4): 355-391.

[63] Den Hartog, D. N., De Hoogh, A. H. B. & Keegan, A. E. (2007). The Interactive Effects of Belongingness and Charisma on Helping and Compliance. Journal of Applied Psychology, 92 (4): 1131-1139.

[64] DeRue, D. S. & Ashford, S. J. (2010). Who Will Lead and Who Will Follow? A Social Process of Leadership Identity Construction in Organizations. Academy of Management Review, 35 (4): 627-647.

［65］D'Intino, R. S., Goldsby, M. G., Houghton, J. D. & Neck, C. P. (2007). Self-leadership: A Process for Entrepreneurial Success. Journal of Leadership & Organizational Studies, 13 (4): 105-120.

［66］Downton, J. V. (1973). Rebel Leadership: Commitment and Charisma in the Revolutionary Process. New York: Free Press.

［67］Eden, D. & Leviatan, U. (1975). Implicit Leadership Theory as a Determinant of the Factor Structure Underlying Supervisory Behavior Scales. Journal of Applied Psychology, 60 (6): 736-741.

［68］Eisenstadt, S. N. (1968). Max Weber: On Charisma and Institution Building. Chicago: University of Chicago Press.

［69］Ensaria, N. & Murphy, S. E. (2003). Cross-cultural Variations in Leadership Perceptions and Attribution of Charisma to the Leader. Organizational Behavior and Human Decision Processes, 92: 52-66.

［70］Epitropaki, O. & Martin, R. (2004). Implicit Leadership Theories in Applied Settings: Factor Structure, Generalizability, and Stability over Time. Journal of Applied Psychology, 89 (2): 293-310.

［71］Erez, A., Misangyi, V. F., Johnson, D. E., LePine, M. A. & Halverson, K. C. (2008). Stirring the Hearts of Followers: Charismatic Leadership as the Transferal of Affect. Journal of Applied Psychology, 93 (3): 602-616.

［72］Fanelli, A. & Misangyi, V. F. (2006). Bringing Out Charisma: CEO Charisma and External Stakeholders. Academy of Management Review, 31 (4): 1049-1061.

［73］Farh, J. L., Liang, J., Chou, L. F. & Cheng, B. S. (2008). Paternalistic Leadership in Chinese Organizations: Research Progress and Future Research Directions. In C. C. Chen & Y. T. Lee (eds.), Leadership and Management in China: Philosophies, Theories, and Practices (pp. 171 - 205). Cambridge University Press.

［74］Follett, M. P. (1949). The Essentials of Leadership. London: Management Publications Trust, Ltd.

[75] Ford, J. K., MacCallum, R. C. & Tait, M. (1986). The Application of Exploratory Factor Analysis in Applied Psychology: A Critical Review and Analysis. Personnel Psychology, 39: 291-314.

[76] Fritz, C. & Sonnentag, S. (2009). Antecedents of Day-level Proactive Behavior: A Look at Job Stressors and Positive Affect during the Workday. Journal of Management, 35 (1): 94-111.

[77] Fuller, J. B., Patterson, C. E. P., Hester, K. & Stringer, D. Y. (1996). A Quantitative Review of Research on Charismatic Leadership. Psychological Reports, 78: 271-287.

[78] Galvin, B. M., Balkundi, P. & Waldman, D. A. (2010). Spreading the Word: The Role of Surrogates in Charismatic Leadership Processes. Academy of Management Review, 35 (3): 477-494.

[79] Galvin, B. M., Waldman, D. & Balthazard, P. (2010). Visionary Communication Qualities as Mediators of the Relationship between Narcissism and Attributions Of Leader Charisma. Personnel Psychology, 63: 509-537.

[80] Gardner, J. (1987). Leaders and Followers. Liberal Education, 73 (2): 4-8.

[81] Gardner, W. L. & Avolio, B. J. (1998). The Charismatic Relationship: A Dramaturgical Perspective. Academy of Management Review, 23 (1): 32-58.

[82] George, G., Howard - Grenville, J., Joshi, A. & Tihanyi, L. (2016). Understanding and Tackling Societal Grand Challenges through Management Research. Academy of Management Journal, 59 (6): 1880-1895.

[83] Grant, A. M. & Ashford, S. J. (2008). The Dynamics of Proactivity at Work. Research in Organizational Behavior, 28: 3-34.

[84] Griffin, M. A., Neal, A. & Parker, S. K. (2007). A New Model of Work Role Performance: Positive Behavior in Uncertain and Interdependent Con-

texts. Academy of Management Journal, 50 (2): 327–347.

[85] Groves, K. S. (2005). Linking Leader Skills, Follower Attitudes, and Contextual Variables via an Integrated Model of Charismatic Leadership. Journal of Management, 31 (2): 255–277.

[86] Hart, S., L. & Quinn, R., E. (1993). Roles Executives Play: CEOs, Behavioral Complexity and Firm Performance. Human Relations, 46: 543–574.

[87] Hernandez, M., Eberly, M. B., Avolio, B. J. & Johnson, M. D. (2011). The Loci and Mechanisms of Leadership: Exploring a More Comprehensive View of Leadership Theory. The Leadership Quarterly, 22 (6): 1165–1185.

[88] Hetland, H. & Sandal, G. M. (2003). Transformational Leadership in Norway: Outcomes and Personality Correlates. European Journal of Work and Organizational Psychology, 12: 147–170.

[89] Hinkin, T. R. (1998). A Brief Tutorial on the Development of Measures for Use in Survey Questionnaires. Organizational Research Methods, 1: 104–121.

[90] Hinrichs, K. T. & Hinrichs, A. T. (2014). Comparing Followers and Subordinates: Accounting for the Effects of Organizational Hierarchy. In L. M. Lapierre & M. K. Carsten (eds.), Followership: What Is It and Why Do People Follow? (pp. 89–105). Emerald Group Publishing Limited. Bingley, United Kingdom.

[91] Hoffman, B. J. & Frost, B. C. (2006). Multiple Intelligences of Transformational Leaders: An Empirical Examination. International Journal of Manpower, 27: 37–51.

[92] Hofstede, G. (2003). Cultures Consequences: Comparing Values, Behaviors, Institutions, and Organizations across Nations (2nd ed.). Newbury Park, CA: Sage.

[93] Holladay, S. J. & Coombs, W. T. (1994). Speaking of Visions and Visions Being Broken: An Exploration of the Effects of Content and Delivery on Perceptions of Leader Charisma. Management Communication Quarterly, 8: 165-189.

[94] Hollander, E. P. & Webb, W. B. (1955). Leadership, Followership, and Friendship: An Analysis of Peer Nominations. The Journal of Abnormal and Social Psychology, 50 (2): 163-167.

[95] Hollander, E. P. (1992). Leadership, Followership, Self, and Others. The Leadership Quarterly, 3 (1), 43-54.

[96] Hollander, E. P. (1993). Legitimacy, Power, and Influence: A Perspective on Relational Features of Leadership. In M. Chemers & R. Ayman (eds.), Leadership Theory and Research: Perspectives and Directions (pp. 29-47). San Diego: Academic Press.

[97] Hollander E. (2012). Inclusive Leadership: The Essential Leader-follower Relationship. Routledge, Taylor & Francis Group.

[98] Hoption, C., Christie, A. & Barling, J. (2012). Submitting to the Follower Label: Followership, Positive Affect, and Extra - Role Behaviors. Zeitschrift für Psychologie, 220 (4): 221-230.

[99] House, R. J. (1977). A 1976 Theory of Charismatic Leadership. In J. G. Hunt & L. L. Larson (eds.), Leadership: The Cutting Edge (pp. 189-207). Carbondale: Southern Illinois University Press.

[100] House, R. J. (1995). Leadership in the Twenty-First Century: A Speculative Inquiry. In A. Howard (ed.), The Changing Nature of Work (pp. 411-450). San Francisco: Jossey-Bass.

[101] House, R. J. (1999). Weber and the Neo-charismatic Leadership Paradigm: A Response to Beyer. The Leadership Quarterly, 10: 563-574.

[102] House, R. J. & Aditya, R. N. (1997). The Social Scientific Study of Leadership: Quo Vadis? Journal of Management, 23: 409-473.

［103］House, R. J. & Baetz, M. L. (1979). Leadership: Some Empirical Generalizations and New Research Directions. In B. M. Staw (ed.), Research in Organizational Behavior (Vol. 1, pp. 399-401). Greenwich, CT: JAI Press.

［104］House, R. J. & Howell, J. M. (1992). Personality and Charismatic Leadership. Leadership Quarterly, 3: 81-108.

［105］House, R. J. & Shamir, B. (1993). Towards the Integration of Transformational, Charismatic, and Visionary Theories. In M. M. Chemers & R. Ayman (eds.), Leadership Theory and Research: Perspectives and Directions. San Diego, CA: Academic Press.

［106］House, R. J., Spangler, W. D. & Woycke, J. (1991). Personality and Charisma in the U. S. Presidency: A Psychological Theory of Leadership Effectiveness. Administrative Science Quarterly, 16: 364-396.

［107］Howell, J. M. & Avolio, B. J. (1993). Transformational Leadership, Transactional Leadership, Locus of Control, and Support for Innovation: Key Predictors of Consolidated-business-unit Performance. Journal of Applied Psychology, 78: 891-902.

［108］Howell, J. M. & Avolio, B. J., (1992). The Ethics of Charismatic Leadership: Submission or Liberation?. Academy of Management Executive, 6 (2): 43-54.

［109］Howell, J. M. & Frost, P. (1989). A Laboratory Study of Charismatic Leadership. Organizational Behavior and Human Decision Processes, 43: 243-269.

［110］Howell, J. M. & Higgins, C. A. (1990). Champions of Technological Innovation. Administrative Science Quarterly, 35: 317-341.

［111］Howell, J. M. & Shamir, B. (2005). The Role of Followers in the Charismatic Leadership Process: Relationships and Their Consequences. Academy of Management Review, 30: 96-112.

［112］Hunt J. G., Boal, K. B. & Dodge, G. E. (1999). The Effects of

Visionary and Crisis-Responsive Charisma on Followers: An Experimental Examination of Two Kinds of Charismatic Leadership. The Leadership Quarterly, 10 (3): 423-448.

[113] Hwang, K. K. (2014). Culture-Inclusive Theories of Self and Social Interaction: The Approach of Multiple Philosophical Paradigms. Journal for the Theory of Social Behavior, 44 (2): 1-23.

[114] Javidan, M. & Carl, D. E. (2004). East Meets West: A Cross-Cultural Comparison of Charismatic Leadership among Canadian and Iranian Executives. Journal of Management Studies, 41 (4): 665-691.

[115] Jia, L., Shaw, J. D., Tsui, A. S. & Park, T. Y. (2014). A Social-structural Perspective on Employee-organization Relationships and Team Creativity. Academy of Management Journal, 57 (3): 869-891.

[116] Judge, T. A. & Bono, J. E. (2000). Five-factor Model of Personality and Transformational Leadership. Journal of Applied Psychology, 85: 751-765.

[117] Judge, T. A. & Piccolo, R. F. (2004). Transformational and Transactional Leadership: A Meta-analytic Test of Their Relative Validity. Journal of Applied Psychology, 89: 755-768.

[118] Kahn, W. A. (1990). Psychological Conditions of Personal Engagement and Disengagement at Work. Academy of Management Journal, 33: 692-724.

[119] Kellerman, B. (2008). Followership: How Followers are Creating Change and Changing Leaders. Boston: Harvard Business Press.

[120] Kelley, R. E. (1992). The Power of Followership. New York: Doubleday Business.

[121] Kerr, S. & Jermier, J. M. (1978). Substitutes for Leadership: Their Meaning and Measurement. Organizational Behavior and Human Performance, 22 (3): 375-403.

[122] Kouzes, J. & Posner, B. (2012). The Leadership Challenge: How to Make Extraordinary Things Happen (6th Edition). San Francisco, CA: Jossey-Bass.

[123] Kuhnert, K. W. & Lewis, P. (1987). Transactional and Transformational Leadership: A Constructive/developmental Analysis. Academy of Management Review, 12: 648-657.

[124] Lapierre, L. M. & Carsten, M. K. (2014). Followership: What Is It and Why Do People Follow?. Emerald Group Publishing Limited. Bingley, United Kingdom.

[125] Lee, A., Willis, S. & Tian, A. W. (2018). Empowering Leadership: A Meta-analytic Examination of Incremental Contribution, Mediation, and Moderation. Journal of Organizational Behavior, 39 (3): 306-325.

[126] Leroy, H., Anseel, F., Gardner, W. L. & Sels, L. (2015). Authentic Leadership, Authentic Followership, Basic Need Satisfaction, and Work Role Performance: A Cross-level Study. Journal of Management, 41 (6): 1677-1697.

[127] Levay, C. (2010). Charismatic Leadership in Resistance to Change. The Leadership Quarterly, 21: 127-143.

[128] Lord, R. G. & Maher, K. J. (1993). Leadership and Information Processing: Linking Perceptions and Performance. New York: Routledge.

[129] Lord, R. G., Foti, R. J. & De Vader, C. L. (1984). A Test of Leadership Categorization Theory: Internal Structure, Information Processing, and Leadership Perceptions. Organizational Behavior and Human Performance, 34 (3): 343-378.

[130] Lord, R. G., Foti, R. J. & Phillips, J. S. (1982). A Theory of Leadership Categorization. In J. G. Hunt, U. Sekaran & C. Schriesheim (eds.), Leadership: Beyond Establishment Views (pp. 104-121). Carbondale, IL: Southern Illinois University Press.

［131］ Lowe, K. B., Kroeck, K. G. & Sivasubramaniam, N. (1996). Effectiveness Correlates of Transformation and Transactional Leadership: A Meta-analytic Review of the MLQ Literature. Leadership Quarterly, 7: 385-425.

［132］ Manz, C. C. (1986). Self-leadership: Toward an Expanded Theory of Self-influence Processes in Organizations. Academy of Management Review, 11 (3): 585-600.

［133］ Manz, C. C. (2015). Taking the Self-leadership High Road: Smooth Surface or Potholes Ahead?. Academy of Management Perspectives, 29 (1): 132-151.

［134］ Markus, H. R. & Kitayama, S. (1991). Culture and the Self: Implications for Cognition, Emotion, and Motivation. Psychological Review, 98: 224-253.

［135］ Meindl, J. R. (1990). On Leadership—An Alternative to the Conventional Wisdom. Research in Organizational Behavior, 12: 159-203.

［136］ Meindl, J. R. (1995). The Romance of Leadership as a Follower-centric Theory: A Social Constructionist Approach. The Leadership Quarterly, 6 (3): 329-341.

［137］ Naidoo, L. J. & Lord, R. G. (2008). Speech Imagery and Perceptions of Charisma: The Mediating Role of Positive Affect. The Leadership Quarterly, 19: 283-296.

［138］ Nanus, B. (1992). Visionary Leadership: Creating a Compelling Sense of Direction for Your Organization. San Francisco: Jossey-Bass.

［139］ Neck, C. P. & Manz, C. C. (2010). Mastering Self-leadership: Empowering Yourself for Personal Excellence. Pearson.

［140］ Nembhard, I. M. & Edmondson, A. C. (2006). Making It Safe: The Effects of Leader Inclusiveness and Professional Status on Psychological Safety and Improvement Efforts in Health Care Teams. Journal of Organizational Behavior, 27: 941-966.

[141] Ng, E. S., Schweitzer, L. & Lyons, S. T. (2010). New Generation, Great Expectations: A Field Study of the Millennial Generation. Journal of Business and Psychology, 25 (2): 281-292.

[142] Oc, B. & Bashshur, M. R. (2013). Followership, Leadership and Social Influence. The Leadership Quarterly, 24 (6): 919-934.

[143] Offermann, L. R., Kennedy Jr, J. K. & Wirtz, P. W. (1994). Implicit Leadership Theories: Content, Structure, and Generalizability. The Leadership Quarterly, 5 (1): 43-58.

[144] Pearce, C. L. & Manz, C. C. (2005). The New Silver Bullets of Leadership: The Importance of Self- and Shared Leadership in Knowledge Work. Organizational Dynamics, 34 (2): 130-140.

[145] Pearce, J. L., Tsui, A. S., Porter, L. W. & Hite, J. P. (1995). Choice of Employee-organization Relationship: Influence of External and Internal Organizational Factors. Research in Personnel and Human Resources Management, 13: 117-151.

[146] Peterson, S. J., Walumbwa, F. O., Byron, K. & Myrowitz, J. (2009). CEO Positive Psychological Traits, Transformational Leadership, and Firm Performance in High-technology Start-up and Established Firms. Journal of Management, 35: 348-368.

[147] Podsakoff, P. M., MacKenzie, S. B., Lee, J. Y. & Podsakoff, N. P. (2003). Common Method Biases in Behavioral Research: A Critical Review of Literature and Recommended Remedies. Journal of Applied Psychology, 88 (5): 879-903.

[148] Prussia, G. E., Anderson, J. S. & Manz, C. C. (1998). Self-leadership and Performance Outcomes: The Mediating Influence of Self-efficacy. Journal of Organizational Behavior, 19 (5): 523-538.

[149] Rich, B. L., Lepine, J. A. & Crawford, E. R. (2010). Job Engagement: Antecedents and Effects on Job Performance. Academy of

Management Journal, 53 (3): 617-635.

[150] Riggio, R. E., Chaleff, I. & Lipman-Blumen, J. (2008). The Art of Followership: How Great Followers Create Great Leaders and Organizations. San Francesco, CA: Jossey-Bass.

[151] Riggio, R. E. (1989). Social Skills Inventory Manual. Palo Alto, CA: Consulting Psychologists Press.

[152] Riggio, R. E. (1992). Social Interaction Skills and Nonverbal Behaviors. In R. S. Feldman (ed.), Applications of Nonverbal Behavioral Theories and Research (pp. 3-30). Hillsdale, NJ: Lawrence Erlbaum.

[153] Robinson, S. L., Kraatz, M. S. & Rousseau, D. M. (1994). Changing Obligations and the Psychological Contract: A Longitudinal Study. Academy of Management Journal, 37 (1): 137-152.

[154] Ross, S. M. & Offermann, L. R. (1997). Transformational Leaders: Measurement of Personality Attributes and Work Group Performance. Personality and Social Psychology Bulletin, 23: 1078-1086.

[155] Rousseau, D. M. (1989). Psychological and Implied Contracts in Organizations. Employee Responsibilities and Rights Journal, 2 (2): 121-139.

[156] Rowold, J. & Laukamp, L. (2008). Charismatic Leadership and Objective Performance Indicators. Applied Psychology: An International Review, 58 (4): 602-621.

[157] Rubin, R. S., Munz, D. & Bommer, W. H. (2005). Leading from within: The Effects of Emotion Recognition and Personality on Transformational Leadership Behavior. Academy of Management Journal, 48: 845-858.

[158] Ryan, R. M. & Deci, E. L. (2000). Self-determination Theory and the Facilitation of Intrinsic Motivation, Social Development, and Well-being. American Psychologist, 55 (1): 68-78.

[159] Saks, A. M. (2006). Antecedents and Consequences of Employee Engagement. Journal of Managerial Psychology, 21: 600-619.

[160] Sashkin, M. (1988). The Visionary Leader. In J. A. Conger & R. A. Kanungo (eds.), Charismatic Leadership: The Elusive Factor in Organizational Effectiveness (pp. 122–160). San Francesco: Jossey–Bass.

[161] Schwartz, S. H. (1992). Universals in the Content and Structure of Values: Theoretical Advances and Empirical Tests in 20 Countries. Advances in Experimental Social Psychology, 25: 1–65.

[162] Scott, W. R. (1981). Organizations: Rational, Natural, and Open Systems. Englewood Cliffs: Prentice–Hall.

[163] Seo, M., Jin, S. & Shapiro, D. L. (2008). Do Happy Leaders Lead Better? Affective and Attitudinal Antecedents of Transformational Leadership Behavior. Paper Presented at the Academy of Management Annual Conference, Anaheim, CA.

[164] Shamir, B. (2007). From Passive Recipients to Active Co–producers: Followers' Roles in the Leadership Process. In B. Shamir, R. Pillai, M. Bligh & M. Uhl–Bien (eds.), Follower–centered Perspectives on Leadership: A Tribute to the Memory of James R. Meindl (pp. ix–xxxix). Charlotte, NC: Information Age Publishers.

[165] Shamir, B., Arthur, M. B. & House, R. J. (1994). The Rhetoric of Charismatic Leadership: A Theoretical Extension: A Case Study and Implications for Research. Leadership Quarterly, 5: 25–32.

[166] Shamir, B., House, R. J. & Arthur, M. B. (1993). The Motivational Effects of Charismatic Leadership: A Self–Concept Based Theory. Organization Science, 4 (4): 577–594.

[167] Shaw, J. D., Dineen, B. R., Fang, R. & Vellella, R. F. (2009). Employee–organization Exchange Relationships, HRM Practices, and Quit Rates of Good and Poor Performers. Academy of Management Journal, 52 (5): 1016–1033.

[168] Sosik, J. J. (2005). The Role of Personal Values in the Charismatic

Leadership of Corporate Managers: A Model and Preliminary Field Study. The Leadership Quarterly, 16: 221-244.

[169] Spreitzer, G. M., de Janasz, S. C. & Quinn, R. E. (1999). Empowered to Lead: The Role of Psychological Empowerment in Leadership. Journal of Organizational Behavior, 20: 511-526.

[170] Stewart, G. L. & Barrick, M. R. (2000). Team Structure and Performance: Assessing the Mediating Role of Intrateam Process and the Moderating Role of Task Type. Academy of Management Journal, 43 (2): 135-148.

[171] Stewart, G. L., Courtright, S. H. & Manz, C. C. (2011). Self-leadership: A Multilevel Review. Journal of Management, 37 (1): 185-222.

[172] Stryker, S. (1980), Symbolic Interactionism: A Social Structural Version, Menlo Park, CA: The Benjamin/Cummings Publishing Company.

[173] Sy, T. (2010). What Do You Think of Followers? Examining the Content, Structure, and Consequences of Implicit Followership Theories. Organizational Behavior and Human Decision Processes, 113: 73-84.

[174] Tajfel, H. & Turner, J. C. (1985). Social Identity Theory and Intergroup Behavior, In S. Worchel & W. G. Austin (eds.), Psychology of Intergroup Relations (2nd ed., pp. 7-24). Chicago: Nelson-Hall.

[175] Tee, E. Y., Paulsen, N. & Ashkanasy, N. M. (2013). Revisiting Followership through a Social Identity Perspective: The Role of Collective Follower Emotion and Action. The Leadership Quarterly, 24 (6): 902-918.

[176] Tosi, H. L., Misangyi, V. F., Fanelli, A., Waldman, D. A. & Yammarino, F. J. (2004). CEO Charisma, Compensation, and Firm Performance. The Leadership Quarterly, 15: 405-420.

[177] Trice, H. M. & Beyer, J. M. (1986). Charisma and Its Routinization in Two Social Movement Organizations, in B. M. Staw & L. L. Cummings (eds.), Research in Organizational Behavior (pp. 113-164), Greenwich, CT: JAI Press.

［178］Tsui, A. S. (2006). Contextualization in Chinese Management Research. Management and Organization Review, 2 (1): 1-13.

［179］Tsui, A. S., Egan, T. D. & O'Reilly III, C. A. (1992). Being Different: Relational Demography and Organizational Attachment. Administrative Science Quarterly, 37 (4): 549-579.

［180］Tsui, A. S., Pearce, J. L., Porter, L. W. & Tripoli, A. M. (1997). Alternative Approaches to the Employee – organization Relationship: Does Investment in Employees Pay Off?. Academy of Management Journal, 40 (5): 1089-1121.

［181］Uhl-Bien, M., Marion, R. & McKelvey, B. (2007). Complexity Leadership Theory: Shifting Leadership from the Industrial Age to the Knowledge Era. The Leadership Quarterly, 18 (4): 298-318.

［182］Uhl-Bien, M., Riggio, R. E., Lowe, K. B. & Carsten, M. K. (2014). Followership Theory: A Review and Research Agenda. The Leadership Quarterly, 25 (1): 83-104.

［183］Van de Vijver, F. & Leung, K. (1997). Methods and Data Analysis for Cross-cultural Research. London: Sage.

［184］Van Knippenberg, D. & Sitkin, S. B. (2013). A Critical Assessment of Charismatic—Transformational Leadership Research: Back to the Drawing Board?. The Academy of Management Annals, 7 (1): 1-60.

［185］Van Vugt, M., Hogan, R. & Kaiser, R. B. (2008). Leadership, Followership, and Evolution: Some Lessons from the Past. American Psychologist, 63 (3): 182-196.

［186］Van Vugt, M. (2006). Evolutionary Origins of Leadership and Followership. Personality and Social Psychology Review, 10 (4): 354-371.

［187］Vecchio, R. P., Justin, J. E. & Pearce, C. L. (2010). Empowering Leadership: An Examination of Mediating Mechanisms within a Hierarchical Structure. The Leadership Quarterly, 21 (3): 530-542.

［188］Walter, F. & Bruch, H. (2009). An Affective Events Model of Charismatic Leadership Behavior: A Review, Theoretical Integration, and Research Agenda. Journal of Management, 35 (6): 1428 –1452.

［189］Walter, F. & Bruch, H. (2007). Investigating the Emotional Basis of Charismatic Leadership: The Role of Leaders' Positive Mood and Emotional Intelligence. In C. E. J. Härtel, N. M. Ashkanasy & W. J. Zerbe (eds.), Research on Emotion in Organizations (Vol. 3, pp. 55–85). Amsterdam: Elsevier.

［190］Wang, H., Law, K. S., Hackett, R. D., Wang, D. & Chen, Z. (2005). Leader–Member Exchange as a Mediator of the Relationship between Transformational Leadership and Followers Performance and Organizational Citizenship Behavior. Academy of Management Journal, 48 (3): 420–432.

［191］Weber, M. (1947). The Theory of Social and Economic Organizations. (A. M. Henderson & T. Parsons, eds.). New York: Free Press.

［192］Weber, M. (1968). On Charisma and Institution Building. Chicago: University of Chicago Press.

［193］Willner, A. R. (1984). The Spell–binders: Charismatic Political Leadership. New Haven: Yale University Press.

［194］Yang, K. S., Yu, A. B. & Yeh, M. H. (1989). Chinese Individual Modernity and Traditionality: Construct Definition and Measurement. Proceedings of the Interdisciplinary Conference on Chinese Psychology and Behavior, 287–354 .

［195］Yorges, S. L., Weiss, H. M. & Srtickland, O. J. (1999). The Effect of Leader Outcomes on Influence, Attributions, and Perceptions of Charisma. Journal of Applied Psychology, 84 (3): 428–436.

［196］Yukl, G. (2010). Leadership in Organizations (7th ed). Beijing: Pearson Education Asia LTD. and Tsinghua University Press.

［197］Yukl, G. (1989). Managerial Leadership: A Review of Theory and Research. Journal of Management, 15: 251–289.

［198］Yukl, G. (1999). An Evaluation of Conceptual Weaknesses in Transformational and Charismatic Leadership Theories. Leadership Quarterly, 10 (2): 285-305.

［199］Zaccaro, S. J. (2002). Organizational Leadership and Social Intelligence. In R. E. Riggio, S. E. Murphy & F. J. Pirozzolo (eds.). Multiple Intelligences and Leadership (pp. 29-54). Mahwah, NJ: Lawrence Erlbaum.

［200］Zaccaro, S. J. & Banks, D. J. (2001). Leadership, Vision and Organizational Effectiveness. In S. J. Zaccaro & R. J. Klimoski (eds.), The Nature of Organizational Leadership (pp. 181-218). San Francesco: Jossey-Bass.

［201］Zaleznik, A. (1965). The Dynamics of Subordinacy. Harvard Business Review, 43 (3): 119-131.

［202］Zhang, K., Luo, W. & Lee, B. Y. (2013). Is Leader Charisma Individual-centered or Relationship-centered? Empirical Evidence from China. Frontiers of Business Research in China, 7 (2): 165-188.

［203］包玲玲, 王韬. (2009). 我国魅力型领导的结构维度及其影响研究. 经济师, (5): 60-61.

［204］曹威麟, 谭敏, 梁樑. (2012). 自我领导与个体创新行为. 科学学研究, 30 (7): 1110-1118.

［205］曹元坤, 许晟. (2013). 部属追随力: 概念界定与量表开发. 当代财经, (3): 82-89.

［206］陈春花. (2016). 共享时代的到来需要管理新范式, 管理学报, 13 (2): 157-164.

［207］陈春花. (2015). 激活个体: 互联时代的组织管理新范式. 北京: 机械工业出版社.

［208］陈威如, 余卓轩. (2013). 平台战略. 北京: 中信出版社.

［209］陈翼, 唐宁玉. (2014). 新生代员工工作价值观: 后现代主义的视角. 上海管理科学, 36 (1): 66-71.

［210］董临萍 (2007). 中国企业情境下魅力型领导风格之组织影响的

实证研究. 复旦大学博士学位论文.

[211] 董临萍, 吴冰, 黄维德. (2008). 魅力型领导风格、群体效能感与群体绩效. 经济管理·新管理, 30 (21-22): 82-87.

[212] 费孝通. (1949/2009). 乡土中国. 北京: 北京出版社.

[213] 冯江平, 罗国忠. (2009). 我国企业魅力型领导的特质结构研究. 心理科学, 32 (1): 207-209.

[214] 葛荣晋. (2007). 道家的"无为而治"与现代科学管理. 北京行政学院学报, 4: 90-94.

[215] 郭衍宏, 兰玲. (2017). 中国情境下内隐追随理论的建构与测量. 中国人力资源开发, 34 (7): 25-37.

[216] 侯杰泰, 温忠麟, 成子娟. (2004). 结构方程模型及其应用. 北京: 教育科学出版社.

[217] 华中师范大学教育科学研究所 (1985). 陶行知全集 (第三卷). 长沙: 湖南教育出版社.

[218] 黄光国, 胡先缙. (2010). 人情与面子: 中国人的权力游戏. 北京: 中国人民大学出版社.

[219] 焦平贵. (2009). "为无为, 则无不治"——老子智慧与领导艺术谈. 领导科学, 28: 34-35.

[220] 孔茗, 钱小军. (2015). 被领导者"看好"的员工其行为也一定好吗？——内隐追随对员工行为的影响. 心理学报, 47 (9): 1162-1171.

[221] 李超平, 时勘 (2005). 变革型领导的结构与测量. 心理学报, 37 (6): 803-811.

[222] 梁漱溟 (1949/2005). 中国文化要义. 上海: 上海世纪出版集团.

[223] 林存光. (2008). 儒家的仁爱政治观与循吏文化. 孔子研究, 5: 93-98.

[224] 林琼, 凌文辁, 方俐洛. (2002). 透析中国内隐领导概念的内涵及变化. 学术研究, 11: 98-101.

［225］凌文辁.（1991）.中国人的领导与行为.见杨中芳、高尚仁.中国人·中国心——人格与社会篇（pp. 409-448）.台北：远流出版公司.

［226］凌文辁,陈龙,王登.（1987）.CPM 领导行为评价量表的建构.心理学报,（2）：199-207.

［227］凌文辁,方俐洛,高晶.（1992）.不同社会群体特征对内隐领导因素的影响.心理学报,（1）：43-49.

［228］凌文辁,方俐洛,艾尔卡.（1991）.内隐领导理论的中国研究：与美国的研究进行比较.心理学报,23（3）：236-242.

［229］刘丽虹,张积家.（2010）.动机的自我决定理论及其应用.华南师范大学学报（社会科学版）,（4）：53-59.

［230］刘小禹,周爱钦,刘军.（2018）.魅力领导的两面性——公权与私权领导对下属创造力的影响.管理世界,（2）：112-122.

［231］刘云.（2011）.自我领导与员工创新行为的关系研究——心理授权的中介效应.科学学研究,29（10）：1584-1593.

［232］罗文豪,宋继文.（2018）.变革情境下管理学术研究的社会责任.管理学报,15（3）：317-325.

［233］罗文豪.（2015）.组织成员的追随行为：理论建构与实证研究.中国人民大学博士学位论文.

［234］彭富春.（2009）.孔子的仁爱之道.武汉大学学报（人文科学版）：62（5）：540-545.

［235］彭坚,冉雅璇,康勇军,韩雪亮.（2016）.事必躬亲还是权力共享？——内隐追随理论视角下领导者授权行为研究.心理科学,39（5）：1197-1203.

［236］彭坚,王霄.（2016）.与上司"心有灵犀"会让你的工作更出色吗？——追随原型一致性,工作投入与工作绩效.心理学报,（9）：1151-1162.

［237］彭坚,王震.（2018）.做上司的"意中人"：负担还是赋能？追随原型—特质匹配的双刃剑效应.心理学报,50（2）：216-225.

［238］钱穆.（1987/2005）.论语新解.北京：三联书店.

［239］萨孟武.（1969）.中国政治思想史.台北：三民书局.

［240］陶厚永，李薇，陈建安，李玲.（2014）.领导—追随行为互动研究：对偶心理定位的视角.中国工业经济，（12）：104-117.

［241］陶建宏，师萍，段伟宇.（2014）.自我领导与组织自尊对员工创新行为影响的实证研究——基于电子通讯、制造企业的数据.研究与发展管理，26（3）：52-61.

［242］陶新华，朱永新.（2002）.论先秦法家的人性理论与领导心理思想.心理学报，34（2）：212-218.

［243］王弼.（2011）.老子道德经注.北京：中华书局.

［244］王弘钰，李云剑.（2018）.中国本土情境下内隐追随的维度与量表开发——基于形成性指标的维度构建方法.厦门大学学报（哲学社会科学版）（1）：78-85.

［245］王辉，武朝艳，张燕，陈昭全.（2008）.领导授权赋能行为的维度确认与测量.心理学报，40（12）：1297-1305.

［246］王利平.（2010）.中国人的管理世界——中国式管理的传统与现实.北京：中国人民大学出版社.

［247］韦政通.（1988）.传统中国理想人格的分析.台北：桂冠图书股份有限公司.

［248］吴维库，刘军，黄前进.（2008）.下属情商作为调节变量的中国企业高层魅力型领导行为研究.系统工程理论与实践，7：68-77.

［249］谢家琳.（2004）.国有企业员工压力的来源和缓解法.徐淑英、刘忠明主编.中国企业管理的前沿研究（pp. 269-292）.北京：北京大学出版社.

［250］谢玉华，陈佳.（2014）.新生代员工参与需求对领导风格偏好的影响.管理学报，11（9）：1326-1332.

［251］徐淑英，张志学.（2011）.管理问题与理论建立：开展中国本土管理研究的策略.重庆大学学报（社会科学版），17（4）：1-7.

［252］徐云飞，席猛，赵曙明.（2017）.员工—组织关系研究述评与展

望. 管理学报, 14（3）：466-474.

［253］许倬云. (2005). 从历史看管理. 桂林：广西师范大学出版社.

［254］杨国枢. (2004). 中国人的心理与行为——本土化研究. 北京：中国人民大学出版社.

［255］杨艳, 胡蓓. (2009). 基于认知视角的内隐领导理论研究述评. 外国经济与管理, (8)：28-35.

［256］原涛, 凌文辁. (2010). 追随力研究述评与展望. 心理科学进展, (5)：769-780.

［257］张岱年. (1986). 仁爱学说评析. 孔子研究, 2：16-21, 37.

［258］张红琪, 鲁若愚, 蒋洋. (2012). 服务企业员工自我领导对创新行为的影响研究——以自我效能为中介变量. 研究与发展管理, 24（2）：94-103.

［259］［东汉］许慎著, 汤可敬撰 (1997). 说文解字今释. 长沙：岳麓书社.

［260］章凯. (2003). 组织行为战略——管理变革的方向与动力. 北京：经济管理出版社.

［261］章凯. (2004). 情绪的目标结构变化说与情感管理的发展. 中国人民大学学报, 3：126-131.

［262］章凯, 袁颖洁, Peter Kesting, 罗文豪, 李滨予. (2012). 新世纪中国领导研究的系统回顾与反思. 心理学进展, (2)：85-92.

［263］章凯, 李朋波, 罗文豪, 张庆红, 曹仰锋. (2014). 组织—员工目标融合的策略——基于海尔自主经营体管理的案例研究. 管理世界, (4)：124-145.

［264］章凯, 罗文豪, 袁颖洁. (2012). 组织管理学科的理论形态与创新途径. 管理学报, 9（10）：1411-1417.

［265］章凯, 罗文豪. (2015). 科学理论的使命与本质特征及其对管理理论发展的启示. 管理学报, 12（7）：939-947.

［266］章凯, 张庆红, 罗文豪. (2014). 选择中国管理研究发展道路的

几个问题——以组织行为学研究为例. 管理学报, 11 (10): 1411-1419.

[267] 章凯. (2014). 目标动力学：动机与人格的自组织原理. 北京：社会科学文献出版社.

[268] 赵慧军. (2013). 追随行为的探索性研究. 经济与管理研究, (4): 106-110.

[269] 郑伯勋, 周丽芳, 樊景立. (2000). 家长式领导量表：三元模式的建构与测量. 本土心理学研究, 14: 3-64.

[270] 郑伯埙. (1995). 家长权威与领导行为之关系：一个台湾民营企业主持人的个案研究. 民族学研究所集刊, 79 (3): 119-173.

[271] 仲理峰. (2007). 德商与领导德行力开发. 经济管理, 1: 49-52.

[272] 周浩, 龙立荣. (2004). 共同方法偏差的统计检验与控制方法. 心理科学进展, 12 (6): 942-950.

[273] 周文杰, 宋继文, 李浩澜. (2015). 中国情境下追随力的内涵, 结构与测量. 管理学报, 12 (3): 355-363.

[274] 周祖城. (2003). 论道德管理. 南开学报 (哲学社会科学版): 6: 92-100.

[275] 朱义禄. (2006). 儒家理想人格与中国文化. 上海：复旦大学出版社.

[276] 祝振兵, 罗文豪, 曹元坤. (2017). 领导会视谁为圈内人？内隐追随与领导—成员交换关系研究. 科技进步与对策, 34 (11): 140-146.

[277] 祝振兵, 罗文豪. (2017). 中国组织情境下的内隐追随：内容, 结构与测量. 江西社会科学, 37 (3): 235-244.

后　记

从最早对追随研究产生兴趣到现在，已经进入第五个年头了。在这五年，我顺利完成了以追随行为为主题的博士论文，获得了中国人民大学的管理学博士学位，并从一名研究生成为三尺讲台上的一名老师。事实上，自 2009 年跟随导师章凯教授攻读硕士研究生开始，我的研究兴趣就一直集中在领导力领域。硕博六年的学习研究时光，我所阅读的大量研究文献和著作，如今看来也都或多或少潜藏着"追随"的种子，成为我 2014 年以来从事相关研究工作的基础。

我曾经不止一次地问自己，为何要选择追随这样一个与众不同的选题？要知道，虽然一个新的选题可能意味着更多的机会，但也同时伴随更为艰巨的挑战。当然，这与我在研读领导力文献中产生的不满足感息息相关。每每阅读领导力的研究论文或是实践著作，都有一种强烈的饥渴感，即他们所说的可能都十分正确，但似乎总缺失了一些东西。后来，在吴晓波先生《激荡三十年》一书的最后看到这样一句话，"历史的方向往往是由伟人决定的，但历史的真实温度是由千千万万的平凡人来书写的"。读到这句话时，再结合书中记录的若干中国企业家的兴衰故事，我内心中对于领导和追随的认识便似乎突然被点燃，一扇新的大门在我脑海中徐徐打开。从那时起，我大约便知道接下来很长的一段时间自己在学术研究中努力的方向了。

从我个人的人生信念和体悟来看，追随更是一个与我自身自我概念系统相当一致的研究领域。观察自己走过的路，很多时候恰恰扮演了追随者的角色，无论追随的对象是值得尊敬的师长，还是自己内心坚持的目标。但与此同时，我又知道自己并不愿意仅仅成为一个言听计从、人云亦云的追随者，而是希望能为我所追随的对象和所在的组织贡献出特殊的力量。在我的理解上，追随者并不必然地在贡献上低于领导者。也正因如此，我才选择《重新认识追随》作为本书的标题。书稿即将付梓出版之际，内心除了些许激动之外，也同时带有一些歉意。激动的是，能够将近几年来与追随有关的研究成果与大家分享，能够在字里行间传递我们对于追随的最新认识，而这些或许能够助推未来更好的追随研究与实践。然而，由于个人能力与学术积累的不足，本书中的不少观点和论述定有不妥当、不深入、不严谨之处。在欢迎各界朋友批评指正的同时，我也想为这些不甚成熟的写作致歉。相信在你们的批评和鞭策之下，我自己能够在未来有关追随的研究中更多地成长与进步。

本书得以出版，离不开很多人的帮助和支持。首先，我想向自己的硕博导师章凯教授致以最诚挚的谢意和崇高的敬意！章老师是我学术道路上的引路人，从入学到毕业再到工作，一直以自己高尚的学术品格和深厚的学术积累，作为我的榜样引领、激励和扶持我不断前行。在学术道路上，章老师毫无疑问是我最重要的追随对象。同样是在章老师的师门中，我的同门挚友刘永虹博士（现任教于美国北卡罗来纳州大学格林斯堡分校）、袁颖洁博士（现任教于荷兰格罗宁根大学）、李朋波博士（现任教于北京第二外国语学院）、张庆红博士以及其他好友，都在我的学术研究道路上提供了强大的支持与帮助，在此一并表示感谢！

在我所工作的北方工业大学经济管理学院，吴永林教授和张欣瑞教授自我入职以来便一直关注着我的成长，提醒和督促我做好自身的教学研究工作；学院赵继新院长、陶晓波副院长、郑强国主任等领导老师们对我的研究工作给予了大力支持；工商管理系的同事们如纪雪洪教授、魏秀丽副教授、童泽林副教授、杨一翁博士、许研博士、吴丹博士、涂剑波博士等，也在日常的教学和研究交流中对我帮助指点甚多，深表感谢！

感谢经济管理出版社赵亚荣编辑的辛勤工作！从书稿的选题到出版是

一个漫长的过程，赵编辑一直以专业、热忱、包容和支持的态度参与其中，是本书得以顺利出版的重要保障！

最后，感谢妻子、双方父母和所有家人对我的理解、支持与关爱！没有他们的付出和包容，这本拙作的完成或许愈加不可能。

行文至此，我对于追随的研究可以说仅仅只是奏响了序曲。在未来的学术道路上，我仍将坚守最初的兴趣和初心，勤恳地在这一领域中探索和遨游。希望在不久的将来，可以与关心支持我的所有人继续分享有关追随的研究成果。正如诗人汪国真所说："我不去想是否能够成功，既然选择了远方，便只顾风雨兼程。"